orra, meu!

DEONÍSIO DA SILVA

orra, meu!

A LÍNGUA NOSSA DE CADA DIA: COMO LER, ESCREVER E COMUNICAR-SE COM ELEGÂNCIA E SIMPLICIDADE

70

Ôrra, meu!
A língua nossa de cada dia: como ler, escrever e comunicar-se com elegância e simplicidade

AUTOR: Deonísio da Silva

DIRETOR DA ALMEDINA BRASIL: Rodrigo Mentz
EDITOR: Marco Pace
ASSISTENTE EDITORIAIL: Larissa Nogueira e Letícia Gabriella Batista
ESTAGIÁRIA DE PRODUÇÃO: Laura Roberti

REVISÃO: Daboit Textos e Palestras Ltda.
CONCEPÇÃO GRÁFICA E CAPA: Eduardo Faria/Officio

Orra, meu! é reedição com novo título de *A língua nossa de cada dia*, desta vez com cortes e acréscimos que o diferenciam das publicações anteriores.

ISBN: 9786554271042

Junho, 2023

Dados Internacionais de Catalogação na Publicação (CIP)
(Câmara Brasileira do Livro, SP, Brasil)

Silva, Deonísio da
Ôrra, meu! : A língua nossa de cada dia: como ler, escrever e comunicar-se com elegância e simplicidade / Deonísio da Silva. -- 1. ed. -- São Paulo : Edições 70, 2023.

ISBN 978-65-5427-104-2

1. Brasil - Línguas - História 2. Crônicas brasileiras 3. Língua portuguesa - Gramática 4. Linguística I. Título.

23-150249 CDD-B869.8

Índices para catálogo sistemático:
1. Crônicas : Literatura brasileira B869.8
Inajara Pires de Souza - Bibliotecária - CRB PR-001652/O

Este livro segue as regras do novo Acordo Ortográfico da Língua Portuguesa (1990).

EDITORA: Almedina Brasil
Rua José Maria Lisboa, 860, Conj.131 e 132, Jardim Paulista
01423-001 São Paulo | Brasil
www.almedina.com.br

† In memoriam de João Uchôa Cavalcanti Netto.

Sumário

A língua do Brasil

Todos se queixam de que português é difícil. O brasileiro é chorão?

Não me parece que possa ser definida como chorona uma nacionalidade marcada pelo carnaval, pelo humor e pelo riso purificador com os quais suporta males seculares. A queixa pode ser assim resumida: a língua falada é uma, mas a língua escrita é outra.

Gastamos verbas que não temos para fazer com que nossas crianças grafem de mil maneiras o mesmo fonema. Assim, sapato, extra, exceção, sessão, feliz e ascensão demandam que o som de "s" seja escrito com s, x, c, ç, ss, z. E ainda temos "s" com som de "z', como em trânsito.

O inglês Thomas Young (1773-1829) tinha apenas catorze anos e já sabia latim, hebreu, samaritano, caldeu, árabe, sírio, francês, italiano, persa, turco e etíope, além de inglês, naturalmente.

O francês Jean-François Champollion (1790-1832) não lhe ficava atrás e aos dezesseis anos proferiu sua primeira conferência sobre egiptologia. A escrita hieroglífica foi levada da Mesopotâmia para o Egito por volta do ano 3300 a.C. por guerreiros e comerciantes.

Sacerdotes dela se apossaram numa época em que dominavam a política e a economia. Os escribas tinham prestígio numa sociedade em que a taxa de analfabetismo *avant la lettre* chegava a 99%. Eles escreviam para faraós e sacerdotes, que os remuneravam regiamente.

Young e Champollion não sabiam português. Mas se aprendessem a língua do Brasil descobririam que muitos gramáticos substituíram os sacerdotes e os escribas, seguindo o ditado: por que o simples se o complicado também serve?

A habilidade verbal do brasileiro é uma coisa admirável. Nos bares, nas ruas, em prosas à beira de copos ou pratos, no rádio e na televisão, a língua do Brasil floresce em todo o seu esplendor.

Mas, quando ele precisa escrever, começa a tropeçar logo nas primeiras linhas. O remédio principal é aumentar a relação bumbum-cadeira-hora. O brasileiro lê pouco e escreve menos ainda. Precisa fazer mais as duas coisas, na escola e fora dela.

Uma providência adicional é exigir dos candidatos a cargos públicos que saibam ouvir, falar, ler e escrever português. Afinal, eles precisam respeitar a língua nossa de cada dia.

A língua do jornalismo econômico

Os colunistas de economia vacilam entre uma linguagem hermética, sacerdotal, própria de seitas, e outra, excessivamente coloquial, com o fim de explanar suas apreensões e conselhos em formas de tiras, como nas histórias em quadrinhos, mas sem os quadrinhos, só com as legendas da treva escolhida.

Em muitas colunas, os personagens são tipos fixos, sempre com os mesmos problemas ou tiques, de que é exemplo o menino Linus, que contracena com o cachorro Snoopy nos desenhos de Charles Monroe Schultz, que faleceu em 2000, aos 78 anos.

Schultz explorou com a conhecida verve e delicadeza os impasses de um mundo apressado, fixando tipos. Já nossos jornalistas econômicos foram constituindo, menos críticos e mais a serviço do capital, uma linguagem estranha à ciência (?) que dizem praticar, provavelmente com o intuito de alcançar maior público, buscar o homem comum pelo rebaixamento ou mesmo a recusa da linguagem praticada por economistas e assemelhados, já consolidada em jargão.

Nossa economia está atrelada ao dólar faz muito tempo, como outrora esteve à libra, isto é, à moeda de outrem. Apesar de tudo o que escrevem sobre globalização, sabemos que o mundo tem donos, que defendem seus interesses em grupos de privilegiados, nem sempre com a porta fechada, reconheçamos.

A linguagem intentada pelos colunistas especializados nas finanças públicas e privadas está recheada de palavras que a rigor nada têm a ver com o tema. O dólar sempre dispara. E, quando cai, nossas autoridades econômicas disparam também, mas para socorrer o "pobrezinho", não suas vítimas.

E a estranha linguagem continua. Os preços explodem. O valor dos títulos brasileiros sobe ou despenca. No caso, o que recomendam eles? Novos sutiãs ou uma cirurgia plástica? O mercado fica nervoso. Há psicanálise para mercados? Outras vezes, parecendo pilotos, alertam para turbulências, panes.

Falam também que há tensão nas bolsas. No caso, aumentará a demanda de ansiolíticos? A saúde das empresas inspira desconfianças. Mas não seria a doença, ao menos, a inspirar cuidados? E o que está acontecendo nas empresas? A alimentação é incorreta? Há desnutrição, fome, doença?

Há também agências de larga influência na vida financeira das nações, especializadas em cosméticos e maquiagem, principalmente de balanços, que no caso não são infantis nem estão instalados em parques públicos, onde todos poderiam contemplar suas brincadeiras. Não informam o creme utilizado, mas empresas menores certamente usam pó de arroz, ruge, batom, pois não? E devem completar a maquiagem indo ao cabeleireiro, onde poderão encontrar perucas a bom preço, feitas com os cabelos perdidos de seus acionistas.

Os investidores, já desconfiados e obrigados a cortar gorduras nos orçamentos, estão estressados. Por outros motivos, os leitores também. Não seria o caso de passar logo à lingerie, com vistas a aumentar a atração de certos títulos, os da dívida e os das páginas? E teríamos outras transparências.

A metáfora foi uma conquista da literatura. Escritores do mundo inteiro levaram séculos para consagrar esse tipo de transporte. Assim, mesmo depois que a Física demonstrou que é a Terra que gira ao redor do Sol, continuamos a dizer que o Sol nasceu ou se pôs, ou, como escreviam os românticos, “a tarde vai morrendo e o sol definha no horizonte”.

Quando, porém, não se tratando de obra de romance ou conto, nem de poesia, analistas econômicos não usam as metáforas como exceções, mas como normas, há indícios de que alguns deles devam ser indiciados em crimes de lesa-língua, leso-estilo, lesa-leitor. Ou ao menos submetidos a averiguações. Suspeitas? De não informar nada, analisar pouco, andar a reboque das entidades cujos poderes sobrenaturais apregoam sem cessar.

A língua ofendida

A ignorância não pode servir de álibi a ninguém para violar a gramática, a Constituição de nossa língua. Afinal, se há normas em vigor, de algum modo elas se se tornaram aceitas. Os árabes ficaram sete séculos em Portugal e enriqueceram aquela que seria a nossa língua com cerca de 4.000 palavras, entre as quais açougue, açúcar, arroz, enxaqueca, fulano, garrafa, sofá, resma, tapete, xadrez. Mas eram visitas que tinham forçado a porta e não tiveram autorização de mandar na casa dos outros. As outras visitas também não mandavam em nossa casa e em alguns casos foram muito bem recebidas, mesmo quando não convidadas. O italiano, o alemão, o francês, o inglês, o espanhol, o japonês etc. Temos milhares de palavras vindas destas línguas, somadas àquelas de línguas que já estavam aqui.

Todaavia as transgressões da norma culta são recursos indispensáveis a romancistas, contistas, poetas, de todo modo respeitadores do léxico pátrio. Não escrevemos *ajedrez* nem *azeituna*, escrevemos xadrez e azeitona. Expressões e torneados vocabulares, porém, são para escritores, que quase sempre os recolheram das ruas, do coloquial.

Vamos aos casos mais célebres. Jorge Amado, empenhado, nas renovações do Romance de 1930, em registrar os diálogos dos personagens tal como eram proferidos na realidade documental que procurava espelhar em seus romances, foi chamado de analfabeto. Contudo, Graciliano Ramos fez outras opções frente a dilemas semelhantes e mostrou como podem ser conciliados norma culta e registros documentais. Erico Verissimo mostrou que o gaúcho empregava "le" em vez de "lhe". Duas décadas mais tarde, João Guimarães Rosa cunhou o dito famoso de que pão ou pães era questão de "opiniães".

Antes, ainda nos anos 20, os modernistas questionaram duramente a rigidez da norma culta, entre outros atrevimentos. Nos anos 70, o conto irrompeu como gênero preferido por jornalistas, publicitários e centenas de autores que, impedidos em outros discursos, dados os temas de que se ocupavam e o império da censura, optaram por textos de ficção. A metáfora, a alegoria e outras figuras de linguagem despontaram como grandes recursos. Mas muitos autores foram negligentes com a língua portuguesa em nome de engajamento social e da urgência da luta que travavam contra a censura.

Mas e agora? Quem está obrigando a escrever textos que são, além de confusos e dispensáveis, verdadeiros crimes de lesa-língua? E quais os motivos de tanta omissão e descaso diante do quadro tenebroso? É frequente que intelectuais, misericordiosos com quem erra tanto, defendam os transgressores em nome de um vago respeito ao povo e àqueles que, às vezes sem procuração, falam e escrevem em nome dele. Em tais casos, o absolvido não é o pecador, é aquele que se pôs no lugar do confessor que, assim procedendo, legitima o escrito desjeitoso do outro num pacote completo, que inclui, naturalmente, também a sua crítica absolutória.

Passemos do simples ao complexo. Machado de Assis cobria o Senado. Nossos jornalistas, hoje encarregados de cobrir as manifestações dos congressistas, leem o homem?

Tornou-se usual "fazer colocações", "comentar sobre" e usar "onde" como curinga da língua portuguesa, utilizando-o, não como advérbio e pronome com funções previamente especificadas, mas até mesmo na substituição de "quando". Quem escreve de modo assim confuso padece efeitos dc dois pecados mortais: acha desnecessário conhecer a língua na qual escreve e não lê os textos de quem sabe escrever.

Comandando instâncias decisivas em instituições respeitáveis, públicas ou privadas, estão indivíduos quase ágrafos. E às vezes muito pernósticos. Indivíduos ou elementos? A polícia diz sempre elementos. Eles costumam evadir-se, em vez de fugir.

Não é esta a linguagem que queremos. Mas pelo amor de Deus, se quem escreve não é botânico, trate de cuidar da jardinagem com as devidas cautelas. O leitor não tem tal obrigação. Ele merece que nos façamos entender sem desjeitosas submissões aos ignaros e ágrafos. Se fosse para escrever de qualquer jeito, por que o Estado e outras instâncias, incluindo nossa família, gastaram tanto com instrução? Cuidemos, pelo menos, da jardinagem do português, pois o brasileiro fala bonito. Por que, então, escrever tão feio?

A ordem de Michelângelo

"Fala, Moisés!". Diz-se que, admirado da expressão que fizera nascer do mármore, Michelângelo ordenou à escultura do grande legislador que falasse. E a seguir deu a derradeira martelada na estátua, que apresenta desde então pequena racha no joelho. Deve ter doído, pois àquela altura a pedra já tinha sentimentos, ainda que desarrumados.

Não foi a primeira vez que se bateu em quem legisla, ainda que se tratasse de quem baixava mandamentos e normas para consolidar a libertação do povo que ele tirara da escravidão, comportamento raro, senão inexistente, nos legisladores que se seguiram, obcecados com vigilâncias e punições que sustentam todos os governos, e mais interessados em garantir cárceres do que liberdades.

O artista genial, mesmo satisfeito com a obra, reconheceu entretanto uma insuficiência paradoxal: Moisés, em silêncio desde a primeira martelada, continuava calado na última. Falava, por assim dizer, mas o que dizia e continua dizendo por tantos séculos, não o diz com palavras. Sabemos que o silêncio fala, de que são exemplos rostos, fotos, quadros, paisagens.

À semelhança de Moisés, também nós, quando exaltamos as qualidades de animal de estimação, que entretanto não criamos, embora designemos com este verbo o ato de cuidar dele desde pequenino, dizemos que só falta falar.

O verbo criar é, aliás, um caso à parte, mas que seja registrado já, sem delongas, que uma de suas mais ricas acepções é a que dá conta de que nós mesmos nos criamos, presente em declarações como esta: "eu nasci em Santa Catarina, mas me criei no Rio Grande do Sul".

Assim, postos no mundo, tendo recebido, junto com o leite materno, a língua materna, desmamados e falantes algum tempo depois, nem assim podemos dizer que estamos criados, cabendo-nos a missão de prosseguir a educação iniciada por nossos pais. Em tal sequência a fala vai cumprir função decisiva, assim como a escrita, naturalmente.

Permanecerá, entretanto, a metáfora de que a fala nos dá o passaporte da existência. O "cogito, ego sum", de Descartes (penso, logo existo), é outro para analistas e psicanalistas: Dico, ergo sum (falo, logo existo).

Mas por que falamos de um modo, na fala propriamente dita, e falamos, na escrita, de outro, tão diferente do registro anterior, que afinal lhe deu origem? Com efeito, aprendemos primeiro a falar e depois a escrever. É consenso que as dificuldades principais são oferecidas pela gramática, cujo conceito dominante é de que seja um rol de regras, transformadas ao longo dos séculos em decálogos e prescrições para a modalidade da língua escrita, hegemônica em nossa civilização.

Vejamos, porém, dois exemplos emblemáticos, começando por Portugal, nossa nação-mãe, governada por reis analfabetos, que entretanto fundaram universidades! E concluamos com o presidente Lula, notório transgressor da norma culta do português, vale dizer, de sua gramática, embora línguas sem escrita tenham gramáticas ainda mais complexas do que a nossa. As gramáticas escritas das línguas neolatinas são fenômenos tardios. A da língua portuguesa é do século XVI.

São poucos os governantes que semelham Moisés, o líder do "povo do livro". Nós somos o povo sem livro. E não existe um movimento dos sem-livro, semelhante ao MST para a questão da terra. Se não abrimos os livros, eles não falam. Ainda assim, estão batendo muito na muda mais célebre do Brasil, a gramática.

Por isso, ainda melhor do que o agronegócio é o negócio de transgredir as normas da gramática, mesmo as consensuais. Ora, a gramática é a Constituição de nossa língua. Gostemos ou não, continua em vigor.

No princípio era o verbo. Por falta de verbas, foi para a cucuia, acompanhado de todas as outras classes gramaticais.

A pizza e o acordão

Ninguém está indiferente ao clima político que tomou conta do Brasil. A imprensa, que já pautava o Congresso, agora pauta também escolas, universidades, fábricas, empresas, restaurantes, botecos, ônibus etc.

A língua portuguesa sempre esteve na ordem do dia. Os cartunistas Laison e Frank deram dois bons exemplos, certa vez. O primeiro caracterizou o então presidente como Napoleão, designado pelo neologismo de Napolulão, proferindo a frase emblemática de Zagallo: "vocês vão ter que me engolir!". Em certa final de Copa do Mundo, engolimos e perdemos de 3 x 0 para a França. Os brasileiros amarelaram.

O segundo mostrou um casal diante da televisão. O título é "aprenda a falar bonito com a CPI". Diz a mulher: "tu mijou na tampa do vaso, Alaor?". Responde o marido: "eu repilo!"

Há também os temperos culinários, jurídicos e festivos das metáforas. Vindo um acordão, tudo pode acabar em pizza ou em samba.

Em nossas duas maiores metrópoles, as celebrações têm perfis diferenciados. O paulistano médio vai à pizzaria; o carioca vai ao boteco ou a alguma roda de samba. Comer não lhe parece tão essencial como beber. A cachaça substitui a pizza. E a algazarra é temperada por cantos e danças.

Já o gaúcho considera uma barbaridade a corrupção e, em vez de tripudiar sobre os adversários, brada indignações em todas as esquinas: "mas, bah, tchê".

Resumindo: o paulista é sério, o carioca é brincalhão, o gaúcho é dramático e por vezes trágico. Era gaúcho o único presidente que se suicidou quando viu o mar de lama, uma pocinha comparada àquelas que depois se seguiram.

De onde vieram "pizza" e "acordão"? "Pizza", depois de algumas andanças por outras línguas, incluindo o latim medieval, fixou-se no italiano, de onde veio para o Brasil. Originalmente, designou um pedaço de pão cozido na brasa. Acordão, termo jurídico, é palavra que veio de acórdão, do verbo acordar, do latim *accordare*, acertar com o coração, mais do que com a cabeça. O rei português Dom Affonso V já fazia acórdão, então denominado "acordam", ainda no século XVI.

"Acabar em pizza" é expressão que nasceu do futebol. O jornalista Milton Peruzzi, já falecido, foi a primeiro a registrá-la como senha de armistício.

A expressão, porém, mudou de sentido. No acordão que se seguia às brigas de torcedores do Palestra Itália (antigo nome do Palmeiras), a maioria de ascendência italiana, não havia ilícitos. Acabava em pizza porque o consenso entre os discordantes era obtido em pizzarias.

"Acabar em pizza" adquiriu em política um sentido pejorativo, que não tinha antes, e os acordos passaram a ser celebrados em outros recintos, onde a pizza, ausente, permaneceu como símbolo. No futebol como na política, os dirigentes podem ser corruptos; os torcedores e os eleitores, não. Para corromper é preciso ter poder.

O povo, que sabe das coisas a seu modo, sente o cheiro de orégano no ar antes de a pizza ir ao forno. Quanto aos acordões, sabe também com quem fica a parte do leão. E o Congresso escancara o destino dos impostos e dos juros que quase todos pagam.

"Bailando no ar gemia inquieto vagalume", diz Machado de Assis em *Círculo Vicioso*.

A urucubaca dos presidentes

não são poucos os governantes que se queixam de um costume da oposição: torce para as coisas não darem certo, invocando a urucubaca, mesmo quando ela resolve voar para longe.

Urucubaca vem de urubu. Urubu voando por perto é sinal de desgraça. Para os índios, o aviso de sinistro na língua tupi era "*uru*", ave, e "*wu*", negro. Diferentemente do que informam alguns dicionários, a palavra urucubaca estava no português bem antes de 1918, o ano da gripe espanhola, de sinistra lembrança. Seu batismo deu-se em marchinha muito cantada no Carnaval de 1915, *Ó Filomena*, de J. Carvalho e J. Praxedes. Os versos ironizavam a ideia de que o presidente tinha de fazer seu sucessor: "*A minha sogra morreu em caxambu/ Foi pela urucubaca/ Que deu o seu Dudu./Ai Filomena/ Se eu fosse como tu/ Tirava a urucubaca/ Da careca do Dudu*". Dudu era o apelido do presidente Hermes Rodrigues da Fonseca. Cantada até hoje na melodia de *Marcha, Soldado, Cabeça de Papel*, foi sucesso no Carnaval e fracasso na política. Venceslau Brás, o candidato oficial, venceu as eleições presidenciais. "Dudu quando casou/ Quase que levou a breca/ Por causa da urucubaca/ Que ele tinha na careca." Quem levou a breca foram os autores, os eleitores votaram maciçamente contra a canção, dando 90% dos votos ao vitorioso.

Certa vez, numa solenidade em Niterói, juntaram-se dois presidentes numa pessoa só. Um, o autêntico homem do povo, com uma fala marcada pelo universo vocabular da base da pirâmide social. Neste caso, a fala presidencial é clara, coesa, concisa, didática. Ao falar, descreve, narra, procura tirar ensinamentos das dificuldades do cotidiano e repassá-los aos ouvintes. Foi este o presidente que usou a palavra urucubaca. Mas havia ali outro Lula, pautado por assessores. Vestindo roupas de grife, usando boné de sem-terra, capacete de operário ou quepe de capitão, apareceu como se fosse sem-terra, operário ou capitão, mas não era nada disso. Esse presidente é falso. O verdadeiro é o outro.

O verdadeiro é aquele operário que, há muitas décadas, utilizando a via sindical como ascensão social, deixou de ser operário e mudou vários hábitos, mas não sua fala. Lula é verdadeiro quando fala "errado". E é falso quando fala "certo".

Imaginemos que Fernando Henrique Cardoso, orientado por assessores, passasse a falar "errado". Pois é isso que alguns assessores de Lula tentaram fazer: o presidente perder a naturalidade que o levou a ser eleito.

Os cultos e os elegantes que votaram nele "perdoaram" seus "erros" em nome de seu projeto de governo. E o presidente foi reprovado, não pela elite – esta adorou a metamorfose – mas pelas classes médias urbanas. Para reconquistá-las, ele precisou demonstrar no segundo mandato que executaria o projeto para o qual foi eleito no primeiro!

Como apreciava metáforas, embora evitasse, por motivos óbvios, comparações escolares, ele ficou em segunda época, não foi ainda reprovado, esteve em recuperação, mas nas duas vezes passou no segundo turno. Seu antecessor, o professor Fernando Henrique Cardoso, foi eleito e reeleito no primeiro turno, nas duas vezes derrotando Lula.

Como demonstrou ao longo da vida ser um bom aluno, o perdedor logo tratou de mudar os professores, a bibliografia e os exercícios, foi eleito e reeleito, deixando o governo com altas taxas de aprovação.

A verba e a vaia

Frequentemente lemos nos jornais que o Ministério X vai receber a mesma verba do Ministério Y. É a mesma, mesmo?

Vaia veio do italiano *baia*, de *baiare* e *abbaiare*, ladrar, do espanhol *vaya*, xingamento, apupo e outras formas de expressar desagrado. Conquanto seja povo cordial, o brasileiro adora uma vaia, como bem lembrou Nelson Rodrigues numa de suas famosas frases: "o brasileiro vaia até minuto de silêncio no Maracanã".

O MEC – cujo "C" parece imortal, mesmo depois que a cultura ganhou ministério autônomo – vai dividir os recursos com outros ministérios? Não. Foram redatores equivocados que, sem querer, passaram aos leitores tal impressão. E o fizeram por desconhecer certas sutis complexidades da nossa mãe gentil, a língua portuguesa. Cometeram erro muito comum em escolas e universidades.

Crimes de lesa-gramática assolam o Brasil, principalmente nas três últimas décadas. A origem do descalabro é a Lei 5.692/71, que misturou o ensino de português com educação artística e comunicação e expressão. Muitos estudantes passaram a chegar às universidades sem saber português! Talvez o MEC pudesse desfraldar a bandeira ambiciosa de ensinar português aos universitários, de tal modo que ninguém recebesse o diploma sem saber ler e escrever.

Petições, denúncias, sentenças e cardápios são amostras do que estou afirmando, mas também o são editais afixados nas paredes como insólitos afrescos que ensinam como não se deve escrever.

Entretanto, nos vestibulares os calouros precisam responder a questões como esta: "Assinale a única afirmativa incorreta: a) insônia há um ditongo oral crescente; b) quando há um ditongo nasal crescente; c) raios há um tritongo; d) também há um ditongo nasal decrescente; e) pior há um hiato".

A questão deveria ser anulada. Houve erro de redação. Não foi escrito um providencial "em" antes de cada alternativa. Poderiam os redatores recorrer a um verbo. Exemplo: 'quando' apresenta ditongo nasal crescente. Mesmo assim, fica a pergunta: que tipo de conhecimento medem, no vestibular, questões deste teor?

No caso de "a mesma verba" houve confusão de conceitos. Provavelmente os redatores tinham o propósito de destacar que a verba de um ministério era igual à de outro, isto é, do mesmo valor, mas não a mesma. Se fosse a mesma, cada ministério receberia apenas a metade.

Outro vasto campo de pesquisa está no futebol, paixão nacional. Na verdade, é esporte que se espalhou no cotidiano de forma avassaladora.

Metáforas atestam sua prevalência. Para dizer que uma coisa não vai bem, o falante recorre ao meio-campo. Se disser "embolou o meio de campo", o que quer dizer é que houve confusão e atrapalhos.

Se "pisou na bola" aquele de quem se esperava uma ação eficaz, as coisas vão mal. "Driblar as dificuldades" é outro exemplo. Aliás, os brasileiros são Garrinchas assumidos!

Embora os locutores se façam entender, são muitos os que tropeçam no português. Como neste exemplo: "o técnico valorizou o elenco, substituiu vários jogadores e reverteu o resultado". De jeito nenhum! Ele não reverteu. Ele inverteu. O time perdia. Com as alterações, venceu. Foi o que o narrador quis dizer. Mas não foi o que disse. Se tivesse revertido o resultado, o jogo deveria voltar a 0 x 0, o placar do início!

Entre as vaias a autoridades e notícias sobre a baleia, jubarte ou cachalote, que às vezes vem morrer numa praia brasileira, circulou pela Internet uma pergunta de biologia: "qual é a função do esqueleto?". Resposta de um aluno: "é invadir o castelo de Greiscou".

Era um sinal dos tempos! A imagem estava derrotando a letra.

A viagem da palavra carnaval

Os primeiros carnavais foram ainda mais longos do que o carnaval baiano, que sofre pequena interrupção entre o Natal e o Dia de Reis. Na Idade Média, dominada pelo sagrado, quando aconteceram os primeiros carnavais à feição que depois tomaram, os festejos profanos começavam no dia dos reis magos e iam até a quarta-feira de cinzas. Profano é aquilo que é feito perto do templo, mas fora dele, em frente.

O dia que se seguia à terça-feira gorda, do francês *mardi-gras*, passou a ser acompanhado da expressão "de cinzas" porque nessa quarta-feira a liturgia católica recebia um sinistro ingrediente: o padre polvilhava a cabeça dos fiéis com uma pitada de cinza de cadáveres humanos e lembrava em latim: "*memento, homo, quia pulvis es et in pulverem reverteris*" (lembra-te, homem, que és pó e ao pó voltarás). Essa terça-feira especial passou a ser chamada de "gorda" porque era a última oportunidade para a freguesia (de freguês, do latim *filium ecclesiae*, filho da Igreja) comer carne. E os fiéis então literalmente se empanturravam.

No dia seguinte, começava a quaresma, do latim *quadragesima*, período de quarenta dias, durante os quais o consumo de carne estava proibido.

Jejunos em latim explicam a origem da palavra carnaval apoiados em respeitáveis dicionários. Mas, desconhecendo a estrutura da língua, limitam-se a transcrever imprecisões ou cochilos de lexicógrafos ou de seus redatores.

No século XIII, a língua italiana, à semelhança de outras filhas do latim, estava ainda muito próxima do latim coloquial. Carnaval veio do italiano *carnevale*, palavra formada do latim vulgar *carnelevare*, alteração do latim clássico carnem *levare*, saudar a carne. Houve troca de lugar das sílabas, processo comum na formação de palavras, e perda do "m" final que indica o acusativo de caro, carne.

O italiano *carnevale*, já documentado, ocorreu em Veneza, com o tradicional baile de máscaras, quando os foliões disfarçavam a identidade cobrindo o rosto.

A origem remota de carnaval é religiosa: foram as festas pagãs aos deuses romanos. O cristianismo assimilou muitos ritos do império cujas estruturas de poder imitou, adaptando-os, a ponto de hoje os desfiles carnavalescos lembrarem as procissões católicas. Os carros alegóricos substituem o andor. E os destaques, os santos e santas.

Mas o primeiro carnaval do mundo bem pode ter sido a celebração de uma boa colheita ou uma boa caçada, com cantos e danças.

A viagem das palavras

Sempre considerei memoráveis as visitas à Biblioteca Nacional, no Rio, que as fiz sozinho ou em boa companhia, pois quem vai àquele templo de autores e livros merece amizades e amores prévios e incondicionais. Merecem muito mais as pessoas que ali trabalham, entre as quais as moças gentis e competentes, que sempre nos guiam pelos sutis e complexos caminhos do Paraíso.

Dante, no meio da vida, na selva escura em que se encontrava, tendo o poeta Virgílio por guia, desceu ao inferno. O célebre florentino foi tão solar na poesia que seus ensaios sobre a língua italiana tornaram-se luas e satélites de sua incomparável *Divina Comédia*. Em resumo, Dante era botânico e jardineiro das linguagens.

Encontrei várias imortalidades na Biblioteca. Umas, vivendo e brotando nas estantes. Outras, nas estantes também, mas ainda presas aos casulos, de onde um dia, quando chegar sua hora, haverão de passar de lagartas a borboletas.

Esta, aliás, foi uma constatação curiosa, entre tantas do dia. Nós, mortais, estávamos acompanhados de alguns colegas imortais, que já fizeram por merecer uma experiência prévia de imortalidade ainda nesta vida, como os escritores, nas academia sou fora delas, cujas amizades muito prezo e das quais não sou digno. E aqui semelho aquele centurião romano que teve sua declaração de indignidade incluída nas preces da missa, dita em latim durante quase dois milênios. Desconheço e jamais compreendi as razões que a Igreja alegou para retirar um espetáculo que era sucesso de crítica e de público há tanto tempo: a missa em latim. Pretextaram que o povo não entendia. Mas quem vai a um templo para entender alguma coisa? Quantas transcendências são explicáveis? E os mistérios, assim plurais, onde ficam? Há os gozosos, os dolorosos e os gloriosos, como todos reconhecem, inclusive os profanos. Em documento designado por carta apostólica e intitulado *Rosarium Virginis* Maria (Rosário da Virgem Maria), publicado em 16 de outubro de 2002, o papa João Paulo II acrescentou nova série: Mistérios Luminosos. O rosário passou a ter, então, 200 Ave Marias, ou quatro Terços de 50 Ave Marias com os 4 Mistérios: Gozosos, Dolorosos, Gloriosos e Luminosos. Neste cálculo, porém, não estão incluídas as contas que vão do crucifixo ao conjunto.

Voltemos à Biblioteca Nacional. Dante era cristão e reduziu os plurais infernos pagãos ao singular inferno católico. Como eu estava no céu, acompanhado de tão belas guias, contemplando a primeira edição de *Os Lusíadas*, lembrei em silêncio a *Ode a Marcel Proust*, de Alberto da Costa e Silva: "*por entre as moças em flor,/ revejo o silêncio das ruelas/ dos teus passeios noturnos,/assombrados de insônia.*"

A insônia é um de nossos infernos que os livros podem transformam em céu. Tanto que uma das portas de saída dos antigos infernos era a do Sono. A origem da palavra é o latim *infernum*, singular (o plural é *inferna*), designando o que está embaixo, como deixa claro também a palavra inferior.

A religião católica tomou como modelos para seu inferno o judaico e o grego. Os infernos romanos, grafados no plural, eram de uma exuberância digna de esplêndido romance. Militarizados e estruturados segundo rígida hierarquia, tinham disciplina, autoridades indiscutíveis e leis a cumprir. Tinham também precisa localização geográfica: suas sedes estavam na Grécia e na Itália. À entrada, estavam os Pesares, os Remorsos, as Doenças, a Velhice, o Medo, a Fome, a Pobreza, o Sofrimento, a Morte, a Guerra e a Discórdia. Seguia-se um pátio onde estavam os Sonhos e vários monstros, como o Centauro e a Quimera, que terminava no rio Estige, onde o barqueiro Caronte cumpria seu ofício levando as almas para o outro lado. Quantas de nossas mais de cinco mil prefeituras municipais, onde vivemos os nossos céu e inferno de cada dia, são tão bem organizadas?

Chegamos ao inferno ou ao céu, e a eles voltamos, por muitos caminhos. O melhor caminho é o da ida, nunca o da volta, querida. Podemos mudar o sentido da frase e dizer assim: o melhor caminho é o da ida, querida. Não é o da volta querida. Como veem, não é apenas o til que não pode ser retirado da língua do ão. Pequeninas criaturas cumprem destinos importantes nas sentenças. E uma delas é a vírgula. Inclusões ou exclusões de vírgulas já levaram muita gente ao Inferno ou ao Paraíso.

Muitas vezes experimentei o céu na Biblioteca Nacional, não na companhia de Virgílio, mas de uma equipe de Beatrizes que atendiam por outros nomes, lideradas por Suely Dias e Georgina Staneck, sábias guias de obras de referência e acervo especial. Jorge Luís Borges, citando Emanuel Swedenborg, botânico e teólogo, diz que os maus não estão proibidos de entrar no céu. Somente os bobos estão impedidos de ali penetrar, pois são incapazes de admirar as complexas belezas do Paraíso. Não existe maior ofensa ao Criador do que a de não lhe reconhecer o mérito, a competência.

E com Borges encerro: “os implacáveis detratores da etimologia argumentam que a origem das palavras não ensina o que elas agora significam; os defensores podem replicar que ensina, sempre, o que elas agora não significam. Ensina, *verbi gratia*, que os pontífices não são construtores de pontes; que as miniaturas não são mais pintadas com mínio; que a matéria do cristal não é o gelo; que o leopardo não é um mestiço de pantera e de leão; que um candidato pode não ter sido cândido; que os sarcófagos não são o contrário dos vegetarianos; que os aligatores não são lagartos; que as rubricas não são vermelhas como o rubor; que o descobridor da América não foi Américo Vespúcio e que os germanófilos não são devotos da Alemanha.”

Advogados, cicerones, brocardos

Rezam as lendas sobre o assunto que foi a rainha Dona Maria I, de Portugal, quem decretou que os advogados faziam jus ao título de doutor. Antes deles, apenas os médicos e os professores tinham direito a tal tratamento, numa época em que a palavra "doutor" estava mais de acordo com a sua origem etimológica. Ou então teria sido Dom Pedro I ao criar os primeiros cursos de Direito, respectivamente em São Paulo e em Pernambuco.

Com efeito, procede do verbo latino *docere*, ensinar, de onde, aliás, o português tirou docente. Médicos e professores ensinavam sempre. Enquanto os primeiros prescreviam aos doentes o que fazer para recuperar a saúde, os segundos empenhavam-se em ministrar lições com o fim de afastar de seus alunos o terrível fantasma da ignorância. Ou, em outras palavras, as primeiras letras, as quatro operações e pouco mais.

A ordem de entrada dessas palavras na língua portuguesa é muito curiosa. "Doutor" veio primeiro. Já estava no português do século XIII. "Professor" entrou dois séculos depois. E "docente" chegou à língua portuguesa na segunda metade do século XIX. Alguns lustros depois viria "discente", pois se há quem ensine, haverá quem queira aprender e vice-versa.

Mas ainda na Idade Média, a escola já tinha instituído o *trivium* e o *quadrivium*, completando as sete artes liberais em dois momentos. O *trivium* era composto de três matérias:

gramática latina, lógica e retórica. E o *quadrivium* considerava indispensáveis também a aritmética, a geometria, a música e a astronomia.

Sábios romanos! Não foi à toa que dominaram o mundo por tantos séculos. Valeram-se das armas, mas igualmente das letras, da cultura. Está aí nosso Direito, por exemplo, repleto de brocardos latinos.

"Brocardo", aliás, tem origem controversa. Tornou-se sinônimo de provérbio por força da grafia latina do sobrenome alemão Burckard.

Houve vários Burckard, um dos quais foi contemporâneo de Martinho Lutero, a quem protegeu na célebre questão das indulgências. Outro foi bispo de Worms e viveu no século XI. Este foi o primeiro a escrever brocardos no atacado, reunindo em 20 volumes um vasto repertório de regras eclesiásticas, muitas delas resumidas em frases.

Desde então, brocardo passou a sinônimo de sentença, máxima, axioma, provérbio. O poeta neoparnasiano Hermes Fontes comentou nos versos *Ciclo da perfeição* um dos mais célebres brocardos: "*Tens uma árvore e um livro: falta um filho/ clama a exigência do brocardo*". E depois dele tornou-se voz corrente dizer que a vida do homem pode ser resumida a três projetos: ter um filho, escrever um livro e plantar uma árvore. Exceto para os censores, que seria fazer um aborto, proibir um livro e derrubar uma árvore.

O presidente Luiz Inácio "Lula" da Silva recheia seus pronunciamentos de brocardos. Comentando o primeiro deles, "Lulinha, paz e amor", escreveu Emir Sader: "o lema traduziu – como precursor dos provérbios presidenciais – uma construção ideológica que busca transmitir certos valores políticos e ideológicos mediante expressões populares aparentemente inquestionáveis, porque supostamente depositárias de uma sabedoria secular, que garantiria sua veracidade. (Mas qual dos dois provérbios é mais verdadeiro: 'Quem espera, sempre alcança' ou 'Quem espera, desespera'? 'Apressado come cru' ou 'Quem tem fome, tem medo', como dizia o Betinho e continuamos a dizer com ele?)".

Para entender os brocardos, tanto os do presidente Lula quanto os outros, precisamos com frequência de cicerones. E aqui registramos mais uma vez nosso débito latino.

"Cicerone", como é o caso de "brocardo", veio de um nome, o advogado e senador romano Cícero. Dada a grande eloquência do célebre orador, os italianos passaram a designar "cicerone" o guia turístico.

Amigos e inimigos

Março de 1961. Perdeu-se a data, mas é segunda-feira. São 6h45 da manhã. Jânio Quadros chama seu ministro Roberto Campos: "o povo não gosta de amar. O povo gosto de odiar. Onde estão os inimigos?". O presidente mostra-lhe um papel com destaques em vermelho. Várias multinacionais aparecem na relação, uma das quais é a Esso, patrocinadora do célebre "Repórter Esso, testemunha ocular da História".

Agosto de 2005. O inimigo é outro, mas tem defensores. "*Dirceu é meu amigo,/ Mexeu com ele,/ Mexeu comigo*", cantam militantes do PT, proclamando solidariedade ao deputado federal e ex-chefe do Gabinete Civil do presidente Lula.

Mas o que é um amigo, o que é um inimigo, como a língua portuguesa os concebe?

As duas palavras vieram do latim: "amicus" e "inimicus", respectivamente.

A troca de "c" por "g" é usual em nossa língua e está presente no próprio bordão dos militantes no pronome "comigo", do latim "cum", com, e "mecum", comigo, em evidente duplicação. "Mecum" já quer dizer "comigo". O latim falado e escrito em Portugal às vésperas do nascimento da língua portuguesa já tinha a forma "cumecum" para designar "comigo".

Na civilização ocidental o cristianismo é hegemônico e todos os inimigos podem ser reunidos numa referência totalizante, o Diabo. Ele é o grande inimigo de Deus e do homem.

Tal concepção, porém, traz uma séria complicação, pois o maior mandamento cristão é amar, inclusive os inimigos.

Demonologistas medievais fixaram sutis diferenciações entre as várias potestades infernais e seus diversos nomes. Segundo eles, Belzebu (do hebraico "Ba'al", senhor, e "zebuub", mosca), liderou uma revolução no Inferno, destronando Lúcifer, Satanás, o Demônio e o Diabo. Na Idade Média, o senhor das Moscas reinava absoluto nas cortes infernais, à frente de um exército de 6.666 legiões, cada uma com 6.666 membros, uma força de 44.435.556 demônios.

Comentando a cifra, escreveu Olavo Bilac: "*No inferno, há a classe aristocrática, e há a plebe: diabos ricos e diabos pobres, diabos que governam e diabos que pagam. Como os homens souberam criar um inferno à imagem do mundo em que vivem!*".

Todos os nobres do inferno fizeram jus à Ordem da Mosca, enquanto Satanás foi para a oposição, de cujo partido é chefe. "*Naturalmente*", acrescenta o poeta, "*Satanás vive afastado do poder e do orçamento, escrevendo artigos e fazendo discursos de oposição contra Belzebu*".

Os mesmos demonologistas atestam que as potestades do Mal governam o universo com o auxílio de quatro reis (os pontos cardeais), vinte e três duques, treze marqueses e dez condes. No reino das metáforas, a monarquia substituiu o exército romano.

Para Martinho Lutero, o Diabo era o Papa. Como a Igreja teve nove papas no período, ele definiu como seu inimigo aquele que assinou o documento de sua excomunhão, Leão X.

A mídia definiu que os maiores inimigos são os corruptos já identificados, expostos dia e noite na televisão, mesmo com crianças na sala. Ainda faltam todos os outros e os atores principais, os corruptores. Mas as multinacionais foram excluídas da relação.

Animais nas conversas

Animais de vez em quando são requisitados, sem licitação, para expressar diversas metáforas. No Senado, na Câmara Federal, nas Assembleias Estaduais e nas Câmaras Municipais, há sempre quem dê rasteira até em cobra.

Assim, convidado a comentar o que se passou na câmara de vereadores de São Paulo, no primeiro dia de trabalho do novo ano, alguém disse: "Abater tucanos é moleza". Disse outro: "aquilo é um ninho de cobras".

Disse mais outro: "em conversas reservadas, o próprio presidente Lula, ao saber do que fizeram certas estrelas do PT em São Paulo, soltou cobras e lagartos". E depois foi profetizado que os tucanos iam vingar-se no Congresso.

São Paulo conhece velhas histórias de corrupção. Há alguns anos, vereadores da banda sã tomaram providências contra colegas que acobertavam uma certa máfia dos fiscais. Vários gatunos e ratazanas disfarçados de vereadores foram parar na cadeia.

Outro disse que fizeram uma cachorrada com um prefeito recém-empossado, ao romper acordo que dava como certa a eleição de candidato da base aliada.

Para esclarecer que certo acordo estava perdido, outro disse que a vaca foi pro brejo, pois havia mão de gato nas combinações e o prefeito pagou o pato.

Tucano, cachorro, gato, cobra, pato, vaca, o que fazem esses animais na língua viva? Ajudam a expressar e a entender o que se passa. Foi para isso que foram invocados. Prestam-se a metáforas, a comparações que ilustrem e esclareçam os conceitos emitidos.

Bons motivos devem ter levado os fundadores do PSDB (Partido da Social Democracia Brasileira) a escolher como símbolo o tucano, mas o inconsciente não deixou de armar uma tramoia. Os tucanos vivem em pequenos bandos e não raro pilham os ninhos de outras aves.

Aves que recorrem a alianças com outras espécies já no nome, pois há o tucano-boi e o tucano-cachorrinho, ainda no berço pilharam outros partidos que os abrigavam, o maior dos quais era o PMDB (Partido do Movimento Democrático Brasileiro), que, aliás, já fizera o mesmo com a lagarta que o transformara em borboleta, o MDB (Movimento Democrático Brasileiro), o grande rival da falecida ARENA (Aliança Renovadora Nacional), o maior partido do Ocidente, segundo insólita definição do deputado Francelino Pereira. O escritor paranaense Nelson Padrella, ao ser convidado para filiar-se à Arena, replicou com outra metáfora: "entrar para Arena? Mas na condição de cristão ou de leão?".

Houve tremendas injustiças na invocação de animais. O cachorro é o melhor amigo do homem. Como pode, então, prestar-se para designar má ação humana? Se os cachorros falassem, a metáfora seria invertida e justa. Os cachorros têm motivos de sobra para desconfiar dos homens, frequentemente ingratos com eles, verdadeiros símbolos da fidelidade, muito diferente da fidelidade partidária.

O gato, então, orgulhoso de ser o proprietário do lugar que generosamente divide com inquilinos humanos intrometidos, jamais roubou, rouba ou roubará. Ao contrário, pega o que de direito lhe pertence. É obrigação do homem manter abastecida a despensa. Chamar ladrão de gatuno é grave ofensa ao bichano.

O rato não rouba, confisca. Qualquer juiz o absolveria por razões famélicas. Ele não rouba para locupletar-se, como fizeram os políticos já condenados.

O pato jamais é consultado para os pactos. Pagam por ele aqueles aos quais é apresentada a conta dos acordos, que nunca estão presentes quando acertam os termos. Quanto às cobras, todo prefeito conhece muito bem os seus ninhos e o que elas fazem quando alguém os invade.

E por fim é bom que todos saibam que a vaca só conhece o brejo quando nele se atola.

Antes de entrar no elevador

A atriz Anecy Rocha morreu tragicamente no poço de um elevador. Seu irmão, o polêmico e celebérrimo cineasta Glauber Rocha, declarou na época que a irmã não caíra, tinha sido empurrada. Será que já assolava os corredores a advertência “antes de entrar no elevador, verifique se o mesmo está parado neste andar”?

Essa admoestação, com poucas variações de estilo, infesta nossos edifícios. Se chamassem um redator qualificado, as frases não destoariam tanto da clareza, da concisão, da coesão, enfim do modo bonito que o brasileiro tem para se expressar.

Não foi chamado porque no Brasil, em se tratando de inscrições e avisos públicos, a língua portuguesa é sempre a primeira vítima. Aliás, também outros idiomas sofrem em nosso país desleixos semelhantes.

Outro dia um leitor lembrava que rainhas chamadas Elisabeth aparecem identificadas em placas como Elizabet, Elisabete, Elisabethe etc. Que estranha forma de reconhecimento! Nem o nome das homenageadas foi escrito corretamente!

Alguns avisos, entretanto, são escritos com objetividade e concisão, de que é exemplo o clássico “cuidado com o degrau”. Se fosse aplicado método semelhante, a advertência seria mais ou menos a seguinte: “Cuidado com o elevador!”. Ou então: “Antes de entrar, veja se o elevador chegou!”. Ou ainda: “Cuidado! Se o elevador não chegou, você corre risco de vida”.

A advertência, aliás, pode ser expressa de outra forma (risco de morte), pois se a vida está em risco, a morte ronda o usuário e, bem antes da meia-noite, como avisou outro cineasta em filme famoso, o elevador levará, não apenas sua alma, mas também sua língua.

José Mojica Marins, mais conhecido como Zé do Caixão, surgiu na década de 1970, quando explodiu a venda de elevadores. E recebeu diversos prêmios por "À meia-noite levarei sua alma". Se a intenção é assustar a pessoa que vai tomar o elevador, invoquem o cineasta, inscrevendo advertência igualmente sinistra, mas pelo menos artística.

Houve em certa época nas livrarias uma demanda crescente por livros que ensinavam a escrever. Um deles vendeu doze edições. Seu autor é Antônio Suárez Abreu. Aposentado pela USP, atualmente é professor da UNESP. Seu livro tem apenas 168 páginas e está no catálogo da editora Ática com o título de *Curso de Redação*.

Se os redatores desses avisos tivessem lido ao menos o capítulo dois de seu livro, não escreveriam tão mal. Ele dá uma aula muito clara entre as páginas 17 e 30, sob o título "Textualidade e coesão: mecanismos de coesão textual".

A partir de exercícios simples, constituídos de duas sentenças, diz ele, ou melhor, escreve: "a maior parte das pessoas constrói razoavelmente a textualidade na língua oral, mas, quando se trata de escrever um texto, em geral se limitam a usar as palavras mesmo e referido, produzindo sequências do tipo: "João Paulo II esteve, ontem, em Varsóvia. Na referida cidade, o mesmo disse que a Igreja continua a favor do celibato". O professor sugere soluções: Varsóvia pode ser substituída por "lá", "capital da Polônia", e João Paulo II por "papa", "ele" etc.

À semelhança do dito de Auguste de Saint-Hilaire – "ou o Brasil acaba com a saúva, ou a saúva acaba com o Brasil" – precisamos exterminar esses erros públicos, como esses exibidos à porta dos elevadores, porque dão sinistras lições por métodos subliminares. Muitos são empurrados, caem ou se suicidam no poço da ignorância.

Qualquer profissional precisa fazer uso intenso da língua escrita nas mais diversas situações. Primeiramente o rádio, depois a televisão, e agora o celular, deram a impressão de que a escrita seria desnecessária. Deu-se o contrário. Nunca foi tão urgente saber escrever.

Ao vivo, do Brasil

O Brasil está recomeçando, nos dá a entender certo discurso oficial e periódico, sempre vacilante em seus primeiros passos e tropeços iniciais a cada novo governo.

Mas como o Brasil começou? Começou com padres e letrados. Frei Henrique de Coimbra rezou a primeira missa, cantada e solene. O escrivão Pero Vaz de Caminha segurou ali o *tchan* pela primeira vez. Afinal, tinham desembarcado na Bahia. A função do intelectual naquela sociedade era servir ao rei. A do frei também. Todos irmanados junto ao único soberano europeu que era chefe militar, religioso e econômico do seu reino, mandando em tudo. Ao contrário dos monarcas de outros países, decorativos, que reinavam sem governar, o rei português reinava e governava, como notou Raymundo Faoro no clássico *Os Donos do Poder*.

Como não degustar a profusão de detalhes, eufemismos e volteios com que nosso primeiro escritor descreve a nossa terra e nossa gente? "É a terra por cima toda chã e muito cheia de grandes arvoredos, de ponta a ponta é tudo praia--palma, muito chã e muito formosa". É provável, embora não se tenha ainda inventado a gravação, que naqueles albores da língua que viria ser também a do Brasil, estando o português mais próximo do espanhol, Caminha tenha pronunciado duas vezes *tchan* e não chã nas três linhas de sua Carta, lida pelo autor diante de Pedro Álvares Cabral, de Frei Henrique de Coimbra e de Gaspar de Lemos, encarregado de levá-la ao rei. Os pintores Paula Rego, Victor Meirelles, Benedito Calisto, Cândido Portinari e Aurélio de Figueiredo integraram, por assim dizer, séculos depois, a equipe designada pelo povo brasileiro para fazer a cobertura de imagens, pois seus quadros falam e se movem como fotos e teipes, tanto tempo depois e para sempre.

A História se faz com atos, fatos, versões e nomes, mas também com silêncios e apagamentos. Caminha morreu no caminho, na mesma viagem, assassinado na África. Frei Henrique de Coimbra tornou-se bispo de Ceuta, além de confessor do rei, dois postos de grande influência. Ah, por que escrevo? Há outras magias. Eram sete os outros frades dominicanos que acompanhavam o superior que rezou a primeira missa. Esquecemos seus nomes, mas houve quem os registrasse na História Seráfica: "*seus companheiros eram os seguintes: Frei Gaspar, Frei Francisco da Cruz, Frei Simão de Guimarães e Frei Luís Salvador, todos os quatro pregadores e excelentes letrados; Frei Masseu, sacerdote, organista e músico, que também com estas prendas podia ter parte na conversão das almas, havendo experiência certa de que o Demônio também se afugenta com as suavidades das harmonias; Frei Pedro Neto, corista de ordens sacras; e Frei João da Vitória, frade leigo e do número daqueles idiotas em cuja boca imprime o Senhor dos humildes o que hão-se responder na presença dos tiranos*". Um reino tão pequeno, padres altamente qualificados. Navegantes experimentados. Militares adestrados. Padres que rezavam pelo regimento. Escrivães sábios, sagazes, dominando a língua portuguesa com maestria, levando-a às fronteiras de seus poderes de expressão.

"*Começar de novo/ vai valer a pena*", cantou Simone nos tempos que anunciavam mais um de nossos célebres recomeços. Mas está começando de novo desde Pedro Álvares Cabral? Nesse novo recomeço, o nome dos letrados já é legião. Como se chamam os escritores? Eles têm deveres semelhantes ao do primeiro que aqui aportou. Narrar ou descrever, narrar e descrever, contar o caso como o caso vem sendo há tanto tempo. E para quê? Para, pelo menos, fazer a memória brotar e assim incendiarmos as brasas da maior paixão do mundo, a do conhecimento. Ainda que pese sobre nós a ameaça bíblica para quem ousa comer o fruto da árvore perigosa: "no dia em que dela comerdes, morrereis". É verdade, a vida é breve para tanto por escrever e ler.

Arrioscas e pegadinhas de concursos

O cartunista Bob Thaves resumiu, com a costumeira síntese do ofício, uma questão essencial. Frank & Ernest travam o seguinte diálogo numa farmácia: "é um remédio milagroso: os frascos são fáceis de abrir".

Ignoro se ele já fez alguma tira sobre as bulas, mas poderia ser semelhante ao da embalagem o critério da escolha do medicamento: o paciente pode entender o que diz a bula.

Graças a eles, começo o dia sempre pautado, fiel ao lema que o bibliófilo José Mindlin estampado em sua famosa biblioteca: "não faço nada sem alegria!".

Em exame para ingresso na Ordem dos Advogados do Brasil (OAB) perguntaram o que era camerlengo; poucos acertaram: afinal, naquelas provas há muitas esparrelas, da língua ao direito! Ou arrioscas, para os eruditos; e "pegadinhas", para os simples. Mas quem faz um bom curso acerta no essencial e nos ornamentos.

As palavras que seguem frequentam provas de português. Desconheço o propósito de quem as elabora, mas não é acertando exceções que se mede o conhecimento da norma.

"Uma súcia (quadrilha) de estrangeiros, aliada à corja (de malfeitores) local, afanou (roubou) o armentio (rebanho) do pampa, já atacado por abigeatários (ladrões de gado)." "A cáfila (de camelos) atravessou os quatro biocoros (regiões): o deserto, a pradaria, a savana e a floresta." "A récua (rebanho) do fazendeiro era composta de alimárias (animais) gordas, algumas das quais foram atacadas por sanhuda (feroz) e faminta alcateia (de lobos)." "Vendo aproximar-se a piara (porcos) medonha, o mosco (antigo sacerdote), estrafegando (rasgando) as poderes (suas vestes), deblaterou (gritou): 'Discirno (percebo), ocultas no meio da vezeira (manada de porcos) muitas alimárias (animais) anômicas (sem ordem) açuladas (atiçadas) pelo Coiso bleso (Demônio gago), não pelo pastor bondadoso (bondoso)'."

Palavras de uso raro e coletivos que poucos conhecem infestam a língua portuguesa e já serviram de *griffe* a modos de falar e de escrever que, por falsamente refinados, enganaram os incautos.

Mas, em busca da simplicidade no estilo, não teremos caído no outro extremo, em excessiva simplificação, com o fim de, indulgentes com leitores despreparados, sermos cúmplices de ignorantes?

Este dilema é enfrentado todos os dias na imprensa, em escolas e em universidades, na publicidade, em documentos oficiais.

Precisamos, porém, contrariar o famoso provérbio alemão: por que simples, se pode ser complicado? Ou, no original: *Warum denn einfach, wenn es auch kompliziert geht?*

As gafes da posse

O seu nome é Severino, ele não tem outro de pia. "Mas isso ainda diz pouco: há muitos na freguesia". Então, ele passou a ser o Severino que falou mais do que devia. Como, porém, "o passado não abre a sua porta e não pode entender a nossa pena", o deputado federal Severino Cavalcanti, então primeiro--secretário da Câmara, fez o signatário lembrar versos de João Cabral de Melo Neto e de Cecília Meireles, os dois em obras antológicas, inesquecíveis pela beleza, mestres na arte de não evitar as ligações perigosas que os escritores mantêm com a sociedade onde vivem e em cujos temas e problemas se inspiram. Cecília era carioca. João Cabral, pernambucano. Suas obras são superiores às de muitos que já ganharam o Prêmio Nobel de Literatura. Escreveram, porém, em português, um dialeto da Galáxia Gutenberg, e por isso correm o risco de serem esquecidos pelos próprios brasileiros, quando não por leitores que semelham os emblemáticos personagens que criaram.

A palavra, de tantas funções, é para os que escrevem e falam profissionalmente a ferramenta de trabalho. Se falamos ou escrevemos demais, perdemos a concisão, nos tornamos prolixos ou como dizem os sábios do povo, em metáfora perfeita, enchemos linguiça. O excesso atrapalha. A economia é a norma básica da elegância, e até por razões de saúde, há os que precisam fazer regime para perder peso. Mas como perder o excesso de palavras?

Um outro tipo de regime impõe o silêncio em tempos e espaços específicos. O último que amordaçou o Brasil vigorou no período pós-64. A bem da verdade, a partir do pós-68, com a instituição do Ato Institucional Número Cinco, o famigerado AI-5, como se tornou conhecido. Esquecendo-se de que a memória não é depósito, mas brota constantemente, muitos democratas de hoje não se importaram muito com aqueles silêncios impostos e até aquela que deveria ser a Casa do escritor brasileiro elegeu um dos signatários do Ato nefando para conviver com censurados. Refiro-me ao general Aurélio de Lira Tavares, membro da junta militar que incrustou três novos ocupantes na presidência da República, fazendo que imprensa e livros ostentem a discrepância histórica. Afinal, o presidente Luiz Inácio Lula da Silva é o 36º ou o 39º presidente? Comparada à gafe política que foi a junta militar e à gafe literária que cometeram os ímpios que elegeram um dos seus membros para a Academia Brasileira de Letras, saiu-nos baratinha a gafe do parlamentar no gesto desjeitoso que fez pouco mais do que atrapalhar os ritos da cerimônia por cujo zelo ele era um dos principais responsáveis. Mas o que dizer mais do excesso severino? Algo semelhante à resposta daquele padre conservador a quem perguntaram sua opinião sobre o sexo antes do casamento. Nada contra, se não atrasasse a cerimônia.

O silêncio é de ouro. Esta frase já estava na boca de muitos povos quando o cineasta René Clair a utilizou no título de um filme, *Le silence est d'or*, cujo tema é o cinema antigo, quando o som não era ainda utilizado. A aquisição da linguagem é etapa decisiva do desenvolvimento humano. Porém, tendo aprendido a falar, o homem precisa aprender também a calar, daí a razão da sabedoria desta frase, presente em muitas outras línguas, algumas das quais acrescentam que a palavra é de prata. Saber calar e cultivar a discrição são recomendações tão antigas que já estão presentes também em famoso livro da Bíblia, o *Eclesiastes*. No Brasil, a variante popular é "em boca fechada não entra mosca", outra síntese que lembra, aliás, uma das funções da imprensa quando a sociedade brasileira era bem mais ágrafa do que hoje. Até fins do século XIX, as casas-grandes tidas por cultas determinavam que, à hora das refeições, alguns escravos, vestidos de branco e vermelho, postados ao lado das mesas, sacudissem varas em cujas extremidades estavam amarrados pedaços de jornais, para espantar as moscas.

Houve outras gafes. O dragão da independência não caiu do cavalo, foi o cavalo quem derrubou a si mesmo e ao cavaleiro. E o prazer solitário da leitura, talvez de mais gosto do que o de escrever, lembrou-me Camões: "correndo algum cavalo vai sem dono,/ e noutra parte o dono sem cavalo". Algum animal foi volúvel? Não. A vontade de todos eles estava perfeitamente dominada por exímios cavaleiros, entretanto despreparados para um tempo em que não temos mais as pompas de Dom João VI e a realeza agora é democrática, estando acessível ao povo, mantido a uma distância segura nos tempos reinóis. E quem empacou foi o Rolls-Royce presidencial. "Cai a soberba inglesa de seu trono, que dois ou três já fora vão do valo" e "fazendo da vida ao fim breve intervalo" empurram o melhor carro do mundo para que ele torne a pegar, mas no tranco. Talvez como o Brasil vai pegar agora.

Gafe é palavra de origem controversa. Pode ter vindo do neerlandês *gaffel*, forquilha, ou do árabe *gafea*, contraída, enroscada. Quando os marinheiros novatos não manejavam bem a vara com um gancho na ponta, utilizada para atracar os barcos, eram gozados pelos veteranos. Ao cometer a gafe, a pessoa se encurva, retorce as mãos, vira os olhos, mexe as orelhas, ou faz enfim algo quase desesperado para disfarçar o indevido que acabou de obrar. Mas é sempre tarde para consertar as gafes havidas. Melhor esquecê-las. A grandiosidade daquele momento inesquecível, próprio das nações civilizadas que, ao criarem as normas, ensejaram as gafes, faz por merecer que sejam esquecidas. Lembramos apenas para não repeti-las, pois algumas foram assustadoras e felizmente tudo terminou bem. O presidente que saía recebeu o que entrava com toda a civilidade e a grandeza que o momento exigia. As maiores gafes foram praticadas por aqueles seus antecessores que não passaram a faixa presidencial que haviam recebido. Fernando Henrique Cardoso recebeu-a duas vezes e, cumprindo a Constituição, passou-a ao eleito. Parece pouco, mas para o Brasil é digno de registro tal normalidade. Então, a maior gafe que poderia haver, não houve.

As gírias da violência

"Perdeu", gíria surgida nas ruas cariocas, espalhou-se por todo o Brasil.

Talvez por ter sediado as cortes portuguesas e por ter sido por tanto tempo a capital do País, o Rio de Janeiro é pródigo em distribuir novas palavras e expressões para as outras metrópoles nacionais, que as redistribuem para as médias e pequenas cidades, até chegar a cada um dos mais de cinco mil municípios brasileiros.

O caminho mais rápido para esta longa viagem é a televisão. Antes da década de 1970, o meio preferido era o rádio, que desde 1922 formava opiniões, também em matéria de novas palavras e ditos graciosos, principalmente pela Rádio Nacional. Hoje ainda forma, mas não com a força da televisão.

O Rio de Janeiro não é a maior cidade brasileira, é a segunda. A maior é São Paulo. Mas seu poder de difusão é mais avassalador do que o da capital paulista. Salvador, Belo Horizonte, Fortaleza e Brasília completam a meia dúzia de cidades que lideram o principal quadro de referência nacional, ainda que Curitiba, Recife, Manaus e Porto Alegre também demandem atenção como centros difusores.

Depois de invadir as dez maiores cidades brasileiras, "perdeu", se não chegou aos menores municípios do Brasil, ainda chegará. Alguns têm menos de mil habitantes. Durante muito tempo, o menor município brasileiro era o paulista Borá, que tinha 818 habitantes. Era um pouco menor do que Serra da Saudade (MG), na época com 884 habitantes, e Anhanguera (GO), com 908. Era pouco provável que lá alguém ouvisse do assaltante "perdeu".

Mas nem sempre o Rio produz o que exporta. Às vezes importa de outras metrópoles, principalmente dos EUA e da Europa. Paris (no passado) e (mais recentemente) Nova York influenciaram muito a fala das ruas cariocas. Os turistas são verdadeiros leva e traz.

Leva e traz, a propósito, é substantivo de dois gêneros e dois números – boa pergunta para um concurso – e não permite que o levem para o plural, talvez porque a terminação em "z" com som de "s" seja o grande entrave.

"Perdeu" subverte os tradicionais sentidos de verbos ligados a furto e roubo, como "afanar", que veio do lunfardo, como é conhecida a gíria portenha (do espanhol *porteña*, do porto). Afinal, os turistas não vêm e não vão somente aos EUA e à Europa, vão e vêm também da Argentina, do Uruguai, do Chile. No latim vulgar, *afannare* era apenas ouvir e falar "*afannae*", palavras confusas. Em Buenos Aires virou roubar.

O lunfardo, provavelmente utilizando o tango como veículo, já nos trouxera também otário (bobo), cafetão (gigolô), farra (festa), ir em cana (ser preso) e safar (escapar, livrar-se). E ainda alterou o sentido de bacana, pois tinha e tem *bacan*, que trouxe do genovês *bacan*, amo, senhor. Bacana, originalmente, era quem estava na bacanal romana, que não tinha a transgressão sexual que depois se consolidou, já que integrava os ritos religiosos pagãos.

O assaltante avisa ao motorista: "perdeu". Não é mais "mãos ao alto". Naquela posição a vítima não podia reagir, o ladrão sabia que ela nada tinha nas mãos e que, se tivesse arma na cintura, não poderia sacá-la.

Agora, certo de que provavelmente não haverá reação, ele consolida a inversão: não furtou nem roubou. A vítima apenas "perdeu". O processo inclui às vezes perder também a vida.

As medidas da meia-tigela

Nome muito popular, João está presente em numerosas palavras e expressões de nossa língua, de que são exemplos joão-ninguém (indivíduo sem importância), joão-de-barro (pássaro), joão-correia (árvore), joão-grande (ave) e joão-teimoso (boneco feito de tal maneira que sempre volta à posição original quando empurrado). Às vezes, aparece disfarçado, como em joanete (deformação crônica de dedos do pé). Como fossem agricultores pobres e descalços a apresentar tal problema nos pés, foram tomados como joões. A denominação aproveitou ainda um termo náutico, pois joanete designa um dos mastaréus da gávea nos navios.

João-sem-braço provavelmente surgiu de comentários de homens anônimos que alegassem nada poder fazer, quando solicitados a trabalhar, disfarçando a preguiça, pois ao nobre era dado o direito de não trabalhar, de manter os braços livres para nada fazer, a não ser dar ordens para que outros fizessem todos os trabalhos, estando os simples absolutamente impedidos de fazer a mesma coisa.

Trabalhar a terra consolidou-se na herança cultural portuguesa como ignomínia, castigo imposto a quem não podia fazer mais nada, a não ser viver da lavoura.

De outra parte, os condenados tinham os braços amarrados e nada podiam fazer para evitar o suplício, fosse a forca ou a decapitação. Há ainda mais uma hipótese que vincula a expressão às Santas Casas de Misericórdia, curiosa e criativa forma que o Estado português inventou para deixar de tratar da saúde, atribuindo tal obrigação a ordens religiosas e a organizações civis, sem custos para o erário.

Como Portugal formou-se a partir de sucessivas guerras travadas em seu próprio território, eram muitos os feridos e aleijados que, por sua condição, estavam impedidos de trabalhar, os primeiros temporariamente, e os outros para o resto de suas vidas, em muitos casos. Simular não ter um ou os dois braços constituiu-se em escusa para fugir ao trabalho e a outras obrigações. Não demorou e a expressão "dar uma de joão-sem-braço" migrou para o rico, sutil e complexo reino da metáfora, aplicando-se a diversas situações em que a pessoa se omite, alegando razão insustentável.

Outra expressão que integra o nosso arsenal de significações é a conhecida "gente de meia-tigela". Em Portugal, nos tempos monárquicos, havia vários tipos de nobreza, entre os quais ganhavam destaque a nobreza territorial e a de títulos. Habitavam os palácios, porém, diversos rapazes que, dados os serviços domésticos que executavam para autoridades, tinham direito a rações, prescritas no *Livro da cozinha del rei*. Tão logo chegavam à corte, em busca de trabalho, moços vindos do interior eram tratados com desprezo pelos que já moravam no palácio. Fidalgos de meia-tigela jamais quebrariam a tigela, não porque somente dispusessem da metade dela, mas porque apenas os grandes fidalgos podiam quebrar a tigela por ocasião de ritos importantes.

Ocorre também que uma expressão popular migre dos livros para as ruas, volte aos livros e vá outra vez às ruas. "Navegar é preciso, viver não é preciso", por exemplo, já foi creditada a Caetano Veloso, que já admitiu tê-la lido em Fernando Pessoa.

A frase, entretanto, já existia quando o general romano Pompeu (106-48 a.C.) a tornou célebre ao persuadir marinheiros a zarpar com os navios carregados de alimentos, mesmo em meio a uma tempestade, porque havia muita fome em Roma. Somente o circo, como sabiam os imperadores, não era suficiente para conter rebeliões, se faltasse o pão. Pompeu a pronunciou num latim desjeitoso, segundo nos informa Plutarco: *navigare necesse*, *vivere non necesse*, mas a frase já existia também em grego.

As palavras do carro

O alemão Karl Benz fabricou o primeiro automóvel em 1885, na cidade de Manheim. O motor tinha apenas um cilindro, contava com ignição elétrica e alcançava a velocidade espantosa de 16 km por hora.

O veículo, porém, já fora inventado pelo francês Nicolas-Joseph Cugnot, ainda no século XVIII. Coube ao norte-americano Henry Ford popularizar esse meio de transporte, nos finais do século XIX. É natural, pois, que os componentes do principal tormento das metrópoles sejam designados por palavras francesas e inglesas, embora uma das marcas mais famosas ainda ostente o sobrenome Benz, antecedido do prenome de Mercedes Jellinek, a filha do primeiro comprador de automóveis, homenageada, a pedido do pai, pelos fabricantes.

De todo modo, carro, do latim *carrus*, conquistou a hegemonia na designação, embora no mundo do automóvel chassi, chofer, cardã, sedã, cupê, embreagem, gasolina, caminhão, biela, derrapar, engrenagem, bagagem, ignição, limusine, manivela e pneu, palavras vindas do francês, convivam com as latinas roda, lanterna, colidir, luz, câmara e volante, que substituiu o francês guidom, e com suas irmãs vindas do inglês, como eletrônica, sedã, flanela, jipe, picape, *airbag* e *van*, as duas últimas ainda não aportuguesadas. O espanhol compareceu com painel, pinhão, farol, borracha e borracho.

O automóvel conquistou estradas e ruas, mas realizou também a conquista verbal das novas realidades que engendrou.

E para isso recorreu também às metáforas. O pneu careca resume o desgaste da borracha, sendo os fios comparados aos cabelos. O para-brisa e seu limpador não servem apenas para evitar a brisa e retirar o orvalho dos vidros, mas também para proteger do vento, do frio e da chuva motorista e passageiros.

Carros desgovernados ou mal dirigidos podem derrapar, capotar, tombar. São metáforas. O provençal já tinha "derapar", que dobrou o erre no português, mas veio do francês *déraper*, arrancar. Mas quando o carro derrapa, arranca o quê? Pneus aderem à pista como deputados e senadores ao governo.

A camionete, diminutivo de caminhão, depois de designar pequeno ônibus, virou perua por quê? Foi enfeitada de cores espalhafatosas como as meretrizes e as mulheres mal vestidas? A pastilha dos freios certamente não se destina à mastigação humana, mas à mastigação de outras bocas, mas já sem os dentes da engrenagem. As lanternas transformam-se em luzes de advertência, avisando que o carro vai parar. Ou em pisca-pisca, indicando que vai dobrar à esquerda ou à direita.

E a mão e a contramão? No lugar da mão, a flecha. Que não indica mais que homens a pé, a cavalo ou de carruagem devem saber de que lado carregar o chicote, do francês *chicot*, originalmente pedaço de arbusto ou galho arrancado de uma árvore. A origem remota é outra metáfora: a chicotada semelhava a picada da pulga. Mas a pulga e o chicote foram substituídos pelo acelerador, de acelerar, do latim *accelerare*, tornar *celer*, célere, rápido.

O chofer guiava automóveis de motores a vapor. O combustível foi substituído, o carvão foi embora, vieram a gasolina e o álcool, mas chofer e motorista, apesar da entrada do último combustível, não podem guiar borrachos. O gótico *widan*, juntar-se, e o latim medieval *guidare* forneceram os étimos de guiar e guidão, este último cedendo a guidom, assim como o garção a garçom.

Os portugueses vacilaram na alfândega quando importaram o primeiro automóvel, mas a locomóvel, máquina agrícola, foi descartada. Carro e autocarro prevaleceram, este para designar o ônibus, do latim *omnibus*, para todos. No Brasil, os ônibus metropolitanos destinam-se a quem não tem carro. O inglês, como sempre, reduziu: carro, *car; omnibus, bus.*

As palavras no fórum

Era diretor do fórum de São Carlos (SP), cidade onde morei por 22 anos, o doutor Paulo Scanavez, e ele me convidou para uma conferência sobre a viagem das palavras. Sabia de sua liderança e de seu sempre renovado interesse pelas relações entre a língua portuguesa e a cidadania, mas não esperava que numa segunda-feira, à noite, tantas pessoas pudessem vir.

Está acontecendo uma coisa muito bonita com a língua portuguesa no Brasil. Enquanto nosso idioma é maltratado até mesmo em documentos oficiais, placas, avisos e pronunciamentos, a sociedade se mobiliza aqui e ali para tomar conta dele. Afinal, é com a língua que exercemos a cidadania, que amamos, trabalhamos, vivemos. Um dia desses falei no Instituto Osvaldo Cruz, no Rio. E ontem, em São Carlos. O tema era o mesmo.

Olavo Bilac escreveu que a língua portuguesa é "inculta e bela". Lygia Fagundes Telles contou-me que em sua infância e adolescência em Descalvado, no interior de São Paulo, surpreendeu-se com a leitura do poema de Bilac. Língua portuguesa, "esplendor e sepultura"? Lygia ficava muito desconcertada com isso. Ela queria ser escritora e naturalmente não queria sepultar o que iria escrever. Seu pai, homem de Direito, curso que a filha também fez, explicou-lhe o que o poeta intuíra tão cedo.

Outros escritores se ocuparam de sua principal ferramenta de trabalho. Luís Fernando Veríssimo dedicou ao tema uma crônica intitulada *O Gigolô das Palavras*. Dele discordei com a doçura com que se deve discordar dos amigos e escrevi *O Jardineiro no Canteiro das Palavras*.

Machado de Assis, um dos maiores mestres que temos para escrever, era preto, pobre, gago, epiléptico, órfão, não teve filhos, casou com uma solteirona e com essas limitações, que eram estigmas no século XIX, tornou-se a nossa principal referência literária. Por isso, as quotas, embora necessárias durante certo período, são controversas, a meu ver. O talento jamais precisou de quotas. Há muitas águas que correm para este meu monjlinho. A ginasta brasileira Daiane dos Santos, Pelé, Garrincha, os Rebouças, os escritores Lima Barreto e João Antônio: quem deles precisou de quotas?

A noite correu tranquila e agradável. Na plateia, juízes e funcionários do fórum, todos irmanados no interesse comum de refletir sobre o tema: a viagem das palavras e expressões da língua portuguesa, as escalas feitas no percurso que já dura quase um milênio, os novos significados que as palavras foram adquirindo, de que é exemplo a própria denominação do órgão sexual feminino. Com efeito, os romanos denominaram vulva, no latim, inspirados em duas referências anteriores: era esta a denominação para as entradas em matas e bosques, e a palavra se aplicava também à pele das frutas.

A Intersom e o Primeira Página estiveram cobrindo o evento. E o Rui Cereda aproveitou para lembrar que se o jabuti está no galho da árvore é porque alguém o pôs lá. Quando nossa vida política se complica, o audaz repórter me sussurra nos cafés: “e daí, professor, quem pôs este jabuti ali?” O jabuti é um dos animais que simbolizam a inteligência brasileira. Nas fábulas, ele consegue vencer a raposa, que vence o urubu.

Ao final, à beira de copos e pratos, fomos conversar numa pizzaria. Epa! Nosso encontro terminou em pizza? Pois lá, dona Rosana, esposa do dr. Paulo, me deu, sem querer, assunto para outra crônica, ao referir a expressão "anta de bobe". Agradeci. Outro dia escreverei sobre a anta de bobe. Afinal, sempre soube que as antas foram nossos primeiros engenheiros, que seguiram seus caminhos para fazer estradas à beira de rios. Mas desconhecia a expressão "anta de bobe".

Baixo clero, expressão equivocada

A Câmara dos Deputados, atuando preferencialmente como tribunal nas CPIs, imita o areópago de Atenas, mas, ao contrário dos antigos areopagitas, poucos de seus membros têm condições de nos representar. A minoria culta foi denominada “elitezinha” pelo então presidente Severino Cavalcanti, o rei do baixo clero, no discurso em que renunciou para não ser cassado por corrupção.

A expressão “baixo clero” para denominar a maioria dos deputados, que seria composta de ignaros, é injusta com a Igreja. Sacerdotes brasileiros, como Antônio Vieira e Frei Caneca, sempre pertenceram ao baixo clero. Jamais foram bispos, arcebispos ou cardeais, mas poucas autoridades eclesiásticas os igualaram em sabedoria e boa formação.

“E daí, quais são as novidades, como vão as coisas, como está você?”, perguntam uns aos outros os parlamentares quando voltam de suas bases, às terças-feiras. O começo é o mesmo das conversas de rua, de botequim, das viagens e dos locais de trabalho.

O costume é antigo. A ocupação preferida dos atenienses era perguntar aos estrangeiros o que havia de novo. Referem o hábito, entre outros, o historiador grego Tucídides, na *História da Guerra do Peloponeso*, o político e orador ateniense Demóstenes, nas *Filípicas*, e São Lucas nos *Atos dos Apóstolos*:

"todos os atenienses que lá chegavam não tinham tempo senão para dizer ou ouvir alguma novidade".

Não havendo jornal, quem chegava à cidade era levado ao areópago, onde as notícias eram partilhadas e discutidas. Muitos trabalhavam bastante para que outros pudessem exercitar a democracia. Faz vinte séculos que nas sociedades isso acontece todos os dias, pois, como diz o Eclesiastes, "nada há de novo sob o Sol; o que já foi, isso será; o que já se fez, isso se fará". Ou a corrupção é novidade para alguém? Insólito e extraordinário é ela ser tolerada e praticada pelo Estado! "Salve-se quem puder, o que vale é a imagem, novinha em folha, lavada pela TV das CPIs", escreveu o jornalista e professor Dermeval Netto em *O Globo* (17/9/2005). Meu colega de Universidade Estácio de Sá faleceu aos 66 anos, em 2021. A covid-19 já então passava a gadanha entre os nossos desde 2020.

A democracia grega inspirou as democracias do mundo inteiro e também a brasileira, que tem apenas algumas semelhanças com ela. Para que os parlamentares façam as vezes dos antigos areopagitas, seus representados trabalham para gerar os impostos que sustentam os representantes. A partilha das novidades é hoje feita pelos meios de comunicação social, designados em síntese pela palavra "mídia", pronúncia inglesa do latim "media", plural de "medium", meio. Jornais e revistas fazem isso para aqueles que têm o hábito ou o gosto de ler. O rádio e a televisão são mais democráticos. Ninguém precisa pagar nada para saber o que estão noticiando. E a Internet, ainda não democratizada, nos primeiros anos do Século XXI, a cada dia consolida seu reinado, amealhando também oso jornais, as revistas, o rádio, a televisão. Enfim, está levando tudo de roldão.

As sessões do areópago, do grego "*Areios pagos*", monte de Areios (deus da guerra), eram realizadas a céu aberto e não em recinto fechado, a "kamára" grega, que, ao ser levada para o latim, virou "camara", tornando-se câmara no português. Em grego como no latim tinha tal nome pela forma do teto desses recintos, em abóbada. Ali não pontificavam os ignaros: os atenienses respeitavam as instituições.

Bandeira nacional: falta uma palavra!

Prezados leitores, querendo ou não, vocês veem a bandeira com alguma frequência. Sabem a história daquelas duas palavrinhas que ali estão? Falta uma! O trecho de onde foram retiradas compunha um trio. Excluíram uma. E parece que ninguém reclama da ausência. Entretanto, sem o sentimento que ela expressa, ninguém vive. Quer dizer, viver, vive, assim como não se pode negar existência a um repolho, a um rabanete, a um pé de alface.

As duas palavras de nossa bandeira, ordem e progresso, são de inspiração positivista. Mas, à semelhança do lema dos Inconfidentes, ainda presente nas bandeiras de Minas Gerais e do Acre, não é citação fiel ao original.

Com efeito, o filósofo francês Augusto Comte resumiu sua doutrina de modo diferente na primeira edição de seu *Catecismo Positivista:* "o Amor por princípio, a Ordem por base e o Progresso por fim". As três palavras, fundamentos de seu sistema filosófico, foram escritas com iniciais maiúsculas.

Mais tarde, o autor deu nova redação ao lema, que ficou assim: "o Amor por princípio, e a Ordem por base; o Progresso por fim".

Criador de novos vocábulos – foi ele quem inventou a palavra sociologia –, justificou "a feliz modificação, que esta manhã introduzi, a tempo sem dúvida na fórmula fundamental da nossa religião", escrevendo: "combino o segundo termo com o primeiro; isolando o último; o que doravante deve adaptá-la melhor ao seu destino normal".

Acrescentou ainda outros motivos: "enquanto eu tive de superar a insurreição do espírito contra o coração e a cisão do progresso relativamente à ordem, a forma primitiva era preferível. Mas, tendo o meu volume final preenchido assaz essas duas condições, a nova redação fará sentir melhor a constituição religiosa do positivismo, a aliança entre o amor e a fé para guiar a atividade".

A República nasceu em berço violento. Seus obstetras estavam armados quando trouxeram a criança ao Brasil, no dia 15 de novembro de 1889. Os positivistas derrubaram, por golpe militar, um imperador que estava no poder desde 7 de abril de 1831. Dom Pedro II tinha apenas seis anos quando sucedeu ao pai, Dom Pedro I. Estava no poder há 58 anos, nove dos quais sob tutela de José Bonifácio de Andrada e Silva e de Manuel Inácio de Andrade Souto Maior, Marquês de Itanhaém.

O pai abdicou em favor do filho para enfrentar o irmão, Dom Miguel, a quem derrotou em campos de batalha. O tio usurpara da sobrinha, Dona Maria II, nada mais nada menos que o trono português! Dom Pedro I fez por merecer, além de todos os títulos, o de pai herói, pai do século. Deu um país para cada filho! E fez tudo isso em pouco tempo. Ao morrer de tuberculose, em 1834, no mesmo quarto em que nascera, no Palácio Queluz, nos arredores de Sintra e Lisboa, tinha apenas 36 anos.

Mas quais eram as armas do imperador? Duas lhe foram essenciais e ele soube manejá-las com coragem. A palavra e a espada. Os monumentos não soluçam, mas Dom Pedro I, bem representado, a cavalo, de espada na mão, frequentemente é ofendido por palavras, atos e omissões, assim como outros heróis que tanto fizeram pelo Brasil.

Certa vez, o então presidente Lula fez estranha lamentação: a falta de heróis brasileiros! Quanta desinformação do presidente, quanta falta de escola e quanta indulgência da imprensa diante de ofensa assim descomunal!

Dom Pedro I foi o nosso Bolívar. Utilizou a espada para garantir a liberdade e a independência. Teve os seus feitos heroicos facilitados por outro estadista que o Brasil insiste em desprezar. É Sebastião José de Carvalho, Marquês de Pombal, de quem os ímpios gostam de lembrar apenas que expulsou do Brasil os padres jesuítas.

Como se não tivesse reconstruído Lisboa após o terremoto nem incrementado a lavoura de café e a construção naval entre nós. E, principalmente, como se não tivesse incentivado o ensino da língua portuguesa no Brasil.

A omissão do amor no lema inscrito na Bandeira Nacional é sintoma de desordem e atraso. Quem leu *Os Sertões*, de Euclides da Cunha, sabe que os republicanos não o excluíram apenas da bandeira. A violência segue vitoriosa. Em Canudos alcançou seu apogeu.

Mas também outras formas de violência, praticadas no cotidiano dos mais de cinco mil municípios brasileiros, expõem a face cruel de pequenos poderes. Como vivemos numa sociedade democrática e com o Estado de Direito garantido, vêm aí as eleições que têm o fim de mudar os caminhos percorridos. São muito importantes as eleições municipais.

O brasileiro exerce seus direitos num município. Com exceção, é claro, de algumas autoridades, como o presidente do Banco Central, que não apresentou declaração de rendimentos em 2001, afirmando que morava em Boston, nos EUA. À Justiça

Eleitoral informou que morava em Goiânia, no Brasil. O jornalista Elio Gaspari recomendou ao presidente do Banco Central que se perguntasse "qual país, civilizado ou não, tem um presidente de Banco Central com as suas características domiciliares, tributárias e patrimoniais". (*O Globo*, 28 de julho, p. 7).

Na segunda metade do século XIX, inconformado com a bandeira brasileira tremulando em navios negreiros, o poeta Castro Alves exclamou: "tu, que da liberdade após a guerra/ foste hasteado dos heróis na lança/antes te houvessem roto na batalha/ que servires a um povo de mortalha". Para que não venha a ser mortalha – daquela vez, os brasileiros não deixaram, pois aboliram a escravidão – é preciso fazer muito mais.

Boca do inferno em Brasília

Não foi apenas São João Bosco quem antecipou a cidade de Brasília, em sonho famoso, afinal tornado realidade pelo presidente Juscelino. O poeta Gregório de Matos Guerra também, mas em versos, outra espécie de sonho: "*a cada canto um grande conselheiro,/ que nos quer governar cabana e vinha,/ não sabem governar sua cozinha./ e podem governar o mundo inteiro./ Em cada porta um frequente olheiro,/ que a vida do vizinho, e da vizinha/ Pesquisa, escuta, espreita e esquadrinha,/ Para levar à Praça e ao Terreiro*".

Parecia antever também as graves polêmicas que cercam os bancos, com seus lucros astronômicos, obtidos do trabalho de multidões e concentrados na mão de poucos, por força de juros extorsivos: "*quem a pôs neste socrócio?... Negócio./ Quem causa tal perdição?...Ambição./ E o maior desta loucura? ...Usura*".

Também ocupou-se das forças políticas: "*A Câmara não acode?...Não pode./ Pois não tem todo o poder?... Não quer./ É que o governo a convence?... Não vence*".

Destacados os versos em grifo, expliquemos o tipo. Sempre precisamos dele no texto, para realçar alguma palavra ou frase. Mas ele nasceu *griffo*, na Itália, perdendo um "f" depois. Este tipo de letra recebeu o nome de seu inventor, o ourives e tipógrafo italiano Francesco Griffo, também chamado Francesco da Bologna. Viveu entre os séculos XV e XVI.

Foi antigo costume identificar as personalidades de relevo pelo nome da cidade com a qual estavam mais ligadas, de que são exemplos o filósofo Erasmo de Roterdã e o autor da primeira obra de brocardos, em vinte volumes, Georg Buckard. (1484-1545). É também o caso de Santo Antônio de Pádua, o primeiro a ter duas nacionalidades, pois é o mesmo de Lisboa.

O grifo, tipo mais fino do que o regular, dá mais espaço no interior das letras. Sua nacionalidade trouxe-lhe também o sinônimo itálico, do latim *italicu*, da Itália. No alvorecer do século XVI, outros inventores e empresários, também italianos, como os calígrafos e impressores Aldus Manutius e Ludovico Legli Arrighi, aperfeiçoaram a letra, inclinada para a direita, mais fina do que as outras, eficiente para destacar certas palavras ou trechos.

Franceses e alemães, porém, atribuem a invenção do grifo ou itálico a Sébastien Gryphe, impressor alemão que se estabeleceu na França, depois de aprender seu ofício na Itália. Em Lion, fundou um ateliê, cujo distintivo, que lembrava seu sobrenome, era um grifo. Nos verbetes correspondentes, limitam-se a informar que Gryphe teria se inspirado em certo impressor de Veneza. Em resumo, inventores costumam ser injustiçados, não apenas em vida, mas também séculos depois de mortos.

Sebastião teve agregado a seu nome o distintivo que pôs na porta do ateliê, a figura do animal fabuloso que os gregos, sempre imaginosos, tinham criado para expressar que a força sem a sabedoria, é insuficiente, mas a sabedoria sem a força, também. O grifo tinha cabeça, bico e asas de águias e corpo de leão. Foi, pois, o resultado do cruzamento da ave de rapina com o rei dos animais. A águia reinaria lá em cima e o leão aqui embaixo. O grifo no Céu e na Terra.

Candidato quer dizer vestido de branco, puro

Os candidatos são assim denominados porque na antiga Roma aqueles que se apresentavam a cargos públicos vestiam-se de branco. Suas vestes semelhavam a toga dos sacerdotes. Com isso, queriam demonstrar que eram puros, sobretudo em suas intenções. A palavra candidato veio de *candidatus*, vestido de branco. Diz-se que os candidatos faziam mais do que isso: usavam togas abertas para mostrar cicatrizes de ferimentos de guerra.

Candidatus é do mesmo étimo de *candidus*, branco brilhante, diferente de *albus*, branco (branco também, entretanto sem resplendor, branco apenas). Para se ter uma ideia da diferença entre cândido e alvo, o étimo de *candidus*, de onde veio *candidatus*, está em candeia, candelabro, incandescente, incendiar, incenso. Assim, a clara do ovo é alva, mas não é cândida. Numa frase, cândido é o que é muito branco. Alvo é o que é apenas branco. Você passa a noite em claro, não deixa algo passar em branco. De resto, há sutis diferenças entre as palavras sinônimas quando as examinamos profundamente. Todavia, não têm sido poucos os candidatos que pedem dinheiro aos ricos, que são minoria, e votos aos pobres, sempre em maior número, mas prometendo defender a ambos, que em geral têm interesses não apenas distintos, mas contrários.

A cor branca está associada, desde tempos remotos, às ideias de pureza e honradez Nas democracias, marcadas por escolhas periódicas de representantes do povo, os candidatos passaram a vestir-se de muitas outras cores, mas permaneceu a etimologia do vocábulo. Entretanto, dado o que aprontam vários deles, inclusive depois de eleitos, a pureza foi sacrificada em nome de pragmatismos diversos, que incluem alianças dos supostamente puros com os comprovadamente corruptos.

Eleição também é palavra de origem latina. Veio de *electione*, escolha. Nos começos de nossa história política, exigia-se do eleitor certa renda, mas não instrução. Votavam apenas os ricos, ainda que fossem analfabetos. Depois estendemos o voto a todos os maiores de 18 anos, ricos e pobres, desde que alfabetizados.

Nossa atual Constituição, de 1988, revisada por Ulisses Guimarães na placidez da Fazenda São Joaquim, em São Carlos, no interior de São Paulo, conferiu o direito de voto a todos os brasileiros maiores de 16 anos, alfabetizados ou não. O voto é, no Brasil, além de direito, dever, já que é obrigatório dos 18 aos 70 anos.

Já vereador, sinônimo de edil, vem do português arcaico *verea*, vereda, caminho. A função principal do vereador romano, denominado *aedil*, era verificar e tomar providências para a conservação dos edifícios. Edil e edifício têm origens semelhantes. Com o passar do tempo, vereador substituiu edil, mas as duas palavras designam a mesma função.

O vereador percorre as veredas – hoje elas se chamam avenidas, ruas, bairros, subúrbios, periferia – e vê o que falta ali. Faz seu projeto e apresenta a seus pares na Câmara, assim chamada porque na antiga Grécia os locais em que os políticos se reuniam eram cobertos por abóbadas, semelhantes às das catedrais.

Em grego, abóbada é *kamára*. Quando passou para o latim vulgar, as pessoas começaram a pronunciar "camára", mas vieram uns falsos eruditos que, para diferenciar sua fala da do povo, tornaram-na câmara, proparoxítona. A língua portuguesa evita palavras proparoxítonas. O latim vulgar, o do povo, era mais coerente: "*camára*", como no grego.

As origens das palavras prefeito e município também são latinas. Os romanos denominavam *praefectus* a autoridade posta à frente das fortificações que cercavam o município. O *praefectus*, prefeito, era o chefe do *municipium*, município, o local onde as pessoas moravam e exerciam seus ofícios, tendo direitos e deveres.

Deputado veio do latim *deputatu*, enviado a alguma missão. Em latim, *deputare* significou inicialmente podar, separar e, por fim, o sentido que hoje tem, de indivíduo que trata de interesses de outros. Já *senatus*, senado, conselho onde tinham assento os anciães, e *senator*, senador, o próprio ancião que atuava como conselheiro, também são palavras latinas. Este é também o caso de presidente, do latim *praesidente*, declinação de *praesidens*, presidente, designando aquele que está assentado à frente, na sede, no palácio, ocupando o primeiro lugar.

Todos os desempregados devem ter qualificação se quiserem trabalho. E ainda assim não estão encontrando empregos. Por que dos candidatos a representantes do povo exigimos tão pouco? Os partidos poderiam ao menos colocar um mata-burro ou mata-corrupto à entrada das respectivas sedes.

Chato de galochas

O chato de galocha pode ter nascido do proverbial humor do carioca, que inventa tantas expressões. O escritor Artur da Távola assegura que a metáfora nasceu de que a galocha possibilitava ao chato chegar de mansinho, sem fazer barulho, impedindo a dispersão daqueles que obviamente queriam evitá-lo.

O médico cardiologista Rostand Paraíso, da Academia Pernambucana de Letras, tratando do tema, no *Jornal do Commercio* (julho de 2002, dia 4), deu pistas do primeiro chato de galochas do Brasil. Diz ele: "a expressão máxima dos chatos em Pernambuco parece ter sido o Bodião-de-Escama, tipo popular que vivia em torno das mesas do Café Lafayette, procurando fazer jus a alguma bicada, enchendo a todos com suas extravagâncias e inconveniências. Seu nome ultrapassou as fronteiras do Estado e, ainda hoje, figura no *Aurélio* como "um tipo popularíssimo das ruas do Recife da 2ª metade do século 19".

Mas quem nasceu primeiro, o ovo ou a galinha? O chato ou a galocha?

A propósito da questão emblemática, "galinha" e "ovo" estão presentes em minuciosa legislação baixada pelo rei português Dom Afonso III, em 1269: "e toda regateira que houver cousa de seu, venda em sua casa manteiga, azeite, mel, vinagre, açafrão, ovos..". Vejam só: regatear, como sinônimo de pechinchar, remonta ao século XIII, vindo do latim vulgar *recaptare*, funcionando o prefixo "re" como repetição de "captare", pegar, isto é, pegar de novo alguma coisa, comprá-la, vendê-la.

A galocha, porém, precedeu o chato em alguns séculos. Como é frequente no português, veio das lides náuticas, ainda no século XIII, designando prego, mas antes estivera no pomar, pois o galho nascido de enxerto era igualmente denominado galocha. Galo como sinônimo de protuberância ou inchaço na testa ou na cabeça, causados por pancada, é vizinho etimológico. A referência é o galo, a ave propriamente dita, símbolo tão caro aos habitantes da Gália antiga, depois conhecidos como franceses.

Antes de chegar ao português, galocha esteve no provençal antigo. Inicialmente calçado rudimentar, de sola grossa, de madeira ou de couro, depois passou a designar o revestimento de borracha que servia de proteção aos sapatos em dias de chuva. Entrou em desuso há algumas décadas.

Chato veio do latim *plattus*, do grego *plátys*, largo, plano, e por metáfora veio a designar a pessoa inconveniente porque chato é o nome popular do piolho-ladro e este torna-se muito inconveniente e inoportuno elas coceiras que provoca. É inseto que mais parece um piolho. Seu nome em latim é *Phthirius púbis*. Vive na região pubiana e eventualmente nas sobrancelhas, axilas e outras partes do corpo. Mede pouco mais de um milímetro e costuma pôr ovos, em forma de lêndeas, na base dos pêlos pubianos. Sua expectativa de vida é de apenas três semanas, mas incuba os ovos durante sete dias. Aos quinze dias de idade, as fêmeas estão aptas à reprodução. A camisa-de-vênus, já popularizada como camisinha, não serve de defesa.

Como se vê, o piolho "chato" e o homem "chato" tornaram-se inconvenientes por motivos bem diversos, mas não ocorreu ao inseto a astúcia da pessoa, consistindo em chegar de galocha para sua aproximação não ser percebida. No caso, a maior astúcia foi a do carioca, ao produzir a expressão.

Como se aprendia português

Era impressionante o lastro intelectual proporcionado aos adolescentes no ensino da língua portuguesa até 1971. Textos de Euclides da Cunha, Rui Barbosa e José de Alencar eram apresentados logo nas primeiras aulas da terceira série do ginásio, equivalente, depois da Reforma, à sétima série do ensino fundamental.

Veja-se o exemplo do livro *Português para o Ginásio*. Nele, o professor José Cretella Júnior apresentava um programa dividido em três partes: leitura, gramática e exercícios.

Nas primeiras páginas, utilizando um excerto de Coelho Neto, intitulado *Mandamentos Cívicos*, o aluno aprendia as seguintes novas palavras: mandamento, culto, impulsionar, pugnar, arrogância, afrontar, sussurrar, cochichar, rebuço, reverter, sobranceiro.

Imaginemos que o mesmo texto fosse apresentado aos jovens que hoje chegam ao referido estágio de sua formação (sétima série). A maioria deles sofre os terríveis malefícios de uma insólita redução vocabular, principal atrapalho para a futura redação que serão obrigados a fazer no vestibular.

Talvez os referidos autores e textos não sejam hoje os mais indicados para as primeiras aulas de estágio semelhante, mas vejamos como professores e alunos eram orientados a ensinar e a aprender. Depois da leitura, vinha a explicação do vocabulário desconhecido. A seguir, os comentários.

Como Coelho Neto, parafraseando os dez mandamentos, fez um texto em dez pontos, substituindo-os por similares cívicos, o professor informava que Moisés, antes do Êxodo, recebera o Decálogo, que servira de referência ao escritor. E como se tratasse de aula de português, o professor explicava que no primeiro mandamento – "honra a Deus sobre todas as coisas" – o sujeito é "tu", e está oculto, o predicado é "honra a Deus", a forma verbal "honra" é verbo transitivo direto, e o "objeto direto" é "Deus".

A seguir, citando bibliografia adicional, a lição de gramática tinha continuação: "às vezes é importante o uso de preposição antes do objeto direto a fim de destruir a ambiguidade (duplo sentido) da frase". E vinham exemplos em que o "a" é indispensável para evitá-la: "assassinou o escravo o patrão"; "feriu a fera a caçadora"; "ama o povo o bom rei"; "matou César Bruto". As frases podem ter duas interpretações, caso não seja colocado o "a" antes do objeto direto, com exceção da última, em que o conhecimento da História desfaz a ambiguidade. Afinal, sabemos que foi Bruto quem matou César, e não César quem matou Bruto.

Ainda nos comentários, explicava o sétimo mandamento que Coelho Neto inventara ("previne-te na mocidade economizando para a velhice, que prepararás de dia a lâmpada que te há de alumiar à noite"), fazendo a etimologia do verbo economizar, que é resultado da junção de "oicos" (casa) e "nomos" (ordem, norma, lei, costume). E nos exercícios, começando pela Unidade I, dava nove definições de conjunção, entre as quais duas de João Ribeiro e uma de Silveira Bueno, solicitando ao aluno que, guiado pelo professor, comparasse as definições, fazendo os seguintes exercícios: 1) observar o que há de comum entre elas; 2) eliminar as palavras supérfluas; 3) deduzir uma definição mais clara, mais precisa, depois das duas operações anteriores; 4) aplicar a definição obtida a vários exemplos, para testar sua eficácia.

Concluía com dados biográficos do primeiro escritor apresentado e sugeria para redação o tema "as viagens instruem tanto quanto os livros". A seguir, vinham textos de Castro Alves, Rui Barbosa, Euclides da Cunha e José de Alencar.

Essa era a primeira lição. Poucos cursos superiores alcançam tal qualidade atualmente. E estamos falando do antigo ginásio!

Conflitos jurídicos e gramaticais

"Consulte sempre um advogado", diz inscrição em alguns automóveis. Dos jornais: *"Depois de muito apanhar do marido, a mulher deu-lhe um copo de veneno. Cometeu crime hediondo"*. Se matasse de outro modo, a pena seria menor.

Hediondo é palavra que veio do latim vulgar "foetibundus", cujo significado remete ao verbo "foetere", feder, exalar mau cheiro. Antes de chegar ao português, fez escala no castelhano "hediondo", cujas variações incluíram "fedinte" e "fediondo". A palavra "fedelho" tem significado que remete a tal raiz, pois designa quem se comporta como se estivesse envolto em cueiros.

Ao discordar de alguma coisa, o falante pode dizer "não me cheira bem", sem que isso signifique que a está julgando com o olfato ou metendo o nariz onde não foi chamado.

O trabalho de interpretar é influenciado por intuições e sentimentos de quem julga. Recentemente, por sete votos a quatro, o Supremo Tribunal Federal (STF) negou decretação da inconstitucionalidade da taxação de servidores públicos inativos e pensionistas, solicitada pelo Ministério Público.

Para os dogmáticos e maniqueístas, o mundo é muito simples. Há somente os certos, eles, e os errados, os outros. Pois na mesma semana em que os ministros do STF votavam divididos, dois respeitáveis intelectuais brasileiros travaram pequena escaramuça sobre questão gramatical. E nenhum deles estava inteiramente certo, nem inteiramente errado.

Jarbas Passarinho, que honrava o *Jornal do Brasil* com colunas sempre pertinentes e muito bem escritas, foi acusado pelo jornalista Fernando Morais, autor de memoráveis biografias de algumas celebridades nacionais, de desconhecer a concordância verbal.

Como sói ocorrer em discussões acaloradas, havia três pontos de vista em questão: o do primeiro, o do segundo e o correto.

O ex-ministro de diversos governos, em pastas diferentes, e militar de alta patente no Exército, podia, sim, qualificar-se como escritor. O fato de ser militar não o desqualificava para o ofício. Fosse assim, começaríamos negando a qualificação de César para escrever a obra esplêndida que resultou de suas campanhas militares, modelo de redação no tempo em que o latim era ensinado nas escolas.

Fernando Morais, que se destacou nas lutas pela redemocratização do Brasil, tinha o direito de discordar dos que criticam seus escritos, como foi o caso, e estava certo ao apontar o erro de concordância detectado. Mas havia nuanças entre os dois pontos de vista.

Um dos gomos da discórdia verbal foi a frase pinçada de coluna de Jarbas Passarinho: "A descoberta dos campos de extermínio nazistas horrorizaram (sic) o mundo". Não há como abonar sua opção sintática. Não há silepse, como argumentou o colunista em resposta ao autor de *Olga*. Nos exemplos brandidos, porém, há, sim, silepse, como demonstrou nos textos selecionados.

Na frase em exame, o verbo horrorizar é obrigado a ir para o singular, para concordar com "descoberta". No grego, "*syllepse*", que deu origem a silepse, é palavra ligada a "*syllambano*", reunir, incluir, comprimir. Não se pode incluir, sem erro de lógica, "campos" em "descoberta". Se tivesse escrito "a maioria das descobertas horrorizaram" ou "um grande número de campos horrorizaram", teria acertado.

Mas "a descoberta" acrescentou pouco. "Os campos de extermínio nazistas horrorizaram o mundo". Quando? Não apenas quando foram descobertos. Sempre o foram e sempre o serão.

Podemos discordar da gramática e das leis. Nem por isso elas deixam de vigorar. Mas podemos polemizar sem ressentimento, este, sim, um copo de veneno que tomamos com a esperança de que prejudique o desafeto.

CPI: as palavras e os gestos

Nos parlamentos como nos estádios, o silêncio também diz algumas coisas. Como réus e indiciados escolheram calar-se em face de algumas perguntas, os telespectadores puderam examinar o lado silencioso da comunicação detectada nas mãos, nos braços, nos olhos, nas sobrancelhas, no tremer de lábios e na posição na cadeira, gestos que ocultaram coisas de arrepiar os cabelos.

Manuelagem, do francês *manuelage*, designa a linguagem das mãos e é verbete do livro *História dos nossos gestos*, de Luís da Câmara Cascudo. "Diz-se que o homem do Povo com as mãos amarradas fica mudo", ensina o mestre.

A deputada Denise Frossard, ex-juíza, de quem a Editora Rio fez um belo perfil na coleção *Gente*, lembrou em seu depoimento à Universidade Estácio de Sá que "o momento exige que os homens de bem tenham a audácia dos canalhas". O autor original do conselho foi Benjamin Disraeli, romancista e político inglês de ascendência judaica. Os canalhas, além das palavras, usam muito as mãos, inclusive para carregar malas recheadas de dinheiro vivo.

Alguns desses gestos foram flagrados por câmeras indiscretas, mas outros certamente não. Os advogados que acompanham os acusados devem dar-lhes beliscões sob a mesa, advertindo-os do que não pode ser dito, pois feito já foi. Namoradas ciumentas, flagrando o olho comprido, o olho gordo e o olho grande sobre eventuais rivais, beliscam os amados.

Afinal, nossa língua portuguesa assegura que é possível comer com os olhos, depois de posto o olho grande sobre o objeto do desejo, seja a olho nu, seja de olhos fechados.

De olho nos interrogados, diligentes parlamentares já pensam em pôr no olho da rua alguns de seus colegas, pois, se imaginavam que eram capazes de tantas safadezas, jamais pensaram que os limites fossem levados a fronteiras tão distantes. Assim, o caso do *impeachment* de Fernando Collor de Mello poderia migrar para o juizado de pequenas causas.

Mãos, braços e olhos falam. E os dedos, especialmente, como no caso do beliscão, também utilizado com fins amorosos, como narrado em *Memórias de um Sargento de Milícias*, de Manuel Antônio de Almeida, onde a história de amor começa com um beliscão. Temos ainda o beliscão de frade, aplicado com os nós dos dedos indicador e médio dobrados. Frei Betto teve a audácia de Leonardo Boff e retomou os beliscões de frade em vários artigos, depois de abandonar a assessoria especial do presidente Lula.

O naturalista austríaco Johann Emanuel Pohl, que acompanhou a princesa Leopoldina, aqui ficando quatro anos, conta que as damas brasileiras, vestidas conforme a última moda de Paris, "beliscavam-se mutuamente no flanco esquerdo, segundo o costume brasileiro, em sinal de saudação".

Dedo, do latim *digitus*, costuma estar sempre na ordem do dia. Escolhidos a dedo para fazer as falcatruas denunciadas, indiciados e réus de CPIs levam o mundo a apontar o dedo para o indigitado povo brasileiro.

Dar uma de joão-sem-braço

Não se pode começar uma frase com certos pronomes. Ensina o gramático Celso Luft que:

1. "*Em relação ao verbo, o pronome átono pode estar: a*) ENCLÍTICO, *isto é, depois dele: 'Impressionou-me sua solidão'.* (*Lúcio Cardoso*). *b*) PROCLÍTICO, *isto é, antes dele: 'Dela me veio a grande revelação'.* (*Pedro Nava*). *c*) MESOCLÍTICO, *ou seja, no meio dele, colocação que só é possível com formas do* FUTURO DO PRESENTE *ou do* FUTURO DO PRETÉRITO: *'Vender-se-ão calos artificiais, quase tão dolorosos como os verdadeiros'.* (*Machado de Assis*). *'Ter-lhe-ia feito mal a comida do restaurante?'* (*Josué Montello*).

2. *Sendo o pronome átono objeto direto ou indireto do verbo, a sua posição normal é a* ÊNCLISE, *como neste passo: 'Cosi-me muito à parede, e vi-o passar com as suas calças brancas engomadas...'* (*Machado de Assis*)".

Mas prestem atenção na saída que teve um conhecido militar e político brasileiro, flagrado em erro no uso desse tipo de pronome. "*Me parece que...*". Era assim que o general gaúcho Flores da Cunha, herói da Revolução de 1930, começava os discursos na Câmara.

Teixeira Coelho, deputado federal pelo Maranhão, representante legítimo de São Luís, tida então por nossa Atenas, interveio certa vez e, num tom algo pernóstico, reprovou o deslize habitual do colega, que começava os períodos com o pronome fora de lugar.

A resposta de Flores da Cunha foi parar nos anais parlamentares e de lá trazida pelo jornalista Sebastião Nery para seu *Folclore Político*, reeditado em cinco volumes (São Paulo, Editora Geração Editorial, 651 páginas). Na réplica, disse Flores da Cunha a Teixeira Coelho, dando-o como "sem autoridade nenhuma para falar de pronomes": "*V. Exa. é o próprio pronome mal-colocado, V. Exa. é um pronome errado. Olhe sua carteira de identidade, V. Exa. é 'Teixeira' Coelho. Em nome do purismo da língua, deveria chamarse 'Xeira-te' Coelho*".

A colocação pronominal está mudando tanto que é urgente uma Constituição da Língua Portuguesa para sacramentar os novos usos, de que é exemplo a mistura entre a segunda e a terceira pessoa, como neste exemplo: "Vou te contar porque você precisa saber". Ninguém dirá ou escreverá: "Contar-te-ei porque tu precisas saber" ou "Contar-lhe-ei porque você precisa saber".

Outras vezes o português coloquial alterou o sentido dos nomes próprios, como no exemplo de joanete, que tem esse nome porque eram agricultores pobres e descalços que apresentavam esse problema nos pés. Para simplificar, todos eram chamados joões, designação adotada por Garrincha para seus marcadores.

João está presente também na expressão "dar uma de joão-sem-braço". Os condenados tinham os braços amarrados e nada podiam fazer para evitar o suplício, fosse a forca ou a decapitação. "Dar uma de joão-sem-braço" equivaleria a comportar-se como os condenados.

A outra hipótese é que, como Portugal se formou a partir de sucessivas guerras travadas em seu próprio território, eram muitos os feridos e aleijados que, por sua condição, estavam impedidos de trabalhar, os primeiros temporariamente, e os outros para o resto de suas vidas, em muitos casos.

Simular não ter um ou os dois braços constituiu-se em escusa para fugir ao trabalho e a outras obrigações. Não demorou e a expressão "dar uma de joão-sem-braço" migrou para o rico, sutil e complexo reino da metáfora, aplicando-se a diversas situações em que a pessoa se omite, alegando razão insustentável.

Aprender uma língua não é memorizar regras, mas sim deixar que seu espírito tome conta de nós. É quase uma rendição. Nós falamos a língua portuguesa, mas ela também fala por nós.

Delúbio mãos de tesoureiro

"Nós nos conhecemos em meandros de 2002", disse Delúbio Mãos de Tesoureiro, indagado pelos parlamentares da amizade com o avalista de seus empréstimos, Marcos Valério Mãos de Publicitário.

Os dois semelharam na ocasião o personagem de *Eduardo Mãos de Tesoura*, que enfrenta leões, serve de bala humana e, sempre com um sorriso nos lábios, limpa os dejetos dos animais do circo. Quase à morte, o pai encontra o filho e surge a pergunta inevitável: o que, no passado do pai, é fantasia e o que é realidade? Lançado em 1990, o filme está disponível em várias modalidades.

"Meandros", equivalente a volteios, idas e vindas, ao substituir "meados", terá tido a função inconsciente de adequar-se a outras tortuosidades do depoimento.

Mas nem tudo é filme ou erro de português! Afinal, as palavras falam por si mesmas e escorregam para fora da boca depois de geradas na caixa-preta da cabeça de quem as profere. Por motivos conscientes ou inconscientes, os depoentes escolheram aquelas palavras e não outras!

O advogado orientou o declarante até aonde pôde, mas o inconsciente deu indícios de que também cumpriu sua parte, apesar de todos os esforços que o hospedeiro usou para disfarçar-se atrás de biombos de gestos e palavras. Meados, plural de "meado", foi impedido de aparecer por sua proximidade com meada, cujo fio o depoente queria a todo custo impedir que deputados e senadores puxassem.

Meandro veio do grego "*Maeandros*", com escala no latim "*Maeandrus*", antes de desembarcar no português, onde mudou de significado.

No grego e no latim designa rio da Ásia Menor, marcado por curvas, rodeios e sinuosidades. O apóstolo São Paulo, numa de suas três célebres viagens, pregou em terras banhadas pelo rio Meandro, na Cária, depois de fazer trabalho semelhante na Bitínia e na Capadócia. Por sinal, capadócio, além de habitante da Capadócia, em português é sinônimo de ignorante, trapaceiro, cabotino, que "tenta enganar os outros dando-se ares importantes", como explica o *Dicionário da Língua Portuguesa*, de Antônio Houaiss. Já beócio, habitante da Beócia, é apenas boçal, bobo, ignorante, mas não trapaceiro.

Antônio Houaiss chamava marisco e mexilhão de "almêijoa". "Eu discrepo", disse em assembleia de estudantes e professores, para registrar inconformidade com certa proposta. O universitário, encarregado de registrar os votos, ficou em dúvida se ele concordava ou discordava.

Houaiss ratificou seu voto em outras palavras: "eu discordo". Mas antes cochichou ao vizinho: "Eu ia dizer 'eu divirjo', mas divergir é irregular. Disse 'eu discrepo' e ainda assim não fui entendido. Os alunos podem me achar pernóstico, mas eles não estudam mais português?".

Não estudavam! E hoje ocupam altos cargos na República, sem que ninguém tivesse votado neles, pois ninguém vota em indicado.

Para tudo há concursos, testes escritos ou entrevistas para admissão, inclusive para gari ou faxineiro, menos para cargos indicados por políticos. E muitos deles seguem com seus outros crimes, corrompendo também a língua portuguesa, um dos fundamentos da identidade nacional.

Dia da mãe

Nossa língua é nossa mãe, pois sem ela não existiríamos. Com efeito, no Brasil, nós amamos, odiamos, pagamos impostos, recebemos anátemas e bênçãos, pedimos ou negamos, enfim, gozamos a vida em seus múltiplos ofícios, incluindo a cidadania, em português. Ou, sendo menos ortodoxos, expressamos todas essas realidades nas línguas do Brasil.

Não sei se é muito difícil discernir que são várias. Mas, sugiro um exercício maroto. Tome um parágrafo de Machado de Assis. A seguir, percorra uma página de Guimarães Rosa. Dê, então, uma espiada num trecho de Rubem Fonseca. Não gosta de prosa de ficção? Que tal ler alguns fragmentos de Euclides da Cunha e de Gilberto Freyre? Ah, prefere poesia? Leia um poema de Carlos Drummond de Andrade, de Cecília Meireles ou de qualquer outro poeta de seu gosto. Na sequência, leia diferentes textos do jornal que tem em mãos, incluindo outras colunas.

E se, em vez de ler, você ouvisse o rádio ou assistisse a algum programa de televisão? Domingo é dia de futebol. Talvez um locutor dirá que o cabeça-de-área vacilou e fez um lance bisonho quando cobrou o tiro de meta. Um repórter explicará que o atacante da camisa nove, com dor na barriga da perna, está estendido no gramado, sendo muito provável que o tabu não seja quebrado hoje. Ele narra o jogo em português. Mas, em Portugal, nação que nos deu a língua portuguesa, as diferenças se acentuam. Quem errou o lance do pontapé de baliza foi o trinco. E quem está caído no relvado, com dor na panturrilha, é o avançado da camisola nove. Sem ele, dificilmente o enguiço será quebrado. Ele pode fazer o gol no Brasil, mas em Portugal será golo.

Em contraste com a rica e complexa linguagem do rádio, ainda que às vezes desjeitosa, a televisão ratifica quase sempre o óbvio. "Bola com Fulano, que passa a Beltrano, é gol, eu sabia, eu sabia!" Sabia? Por que não disse antes? Os profetas do acontecido parecem onipresentes.

O destino me fez botânico e jardineiro das palavras, mas são evidentes minhas inconformidades com o primeiro ofício. Tenho descarada preferência pelo segundo. Com mais de 30 anos dedicados às duas supostas habilidades, experimentei em teoria e prática que o professor perderá menos tempo se ajudar um aluno a ler e entender um texto.

Por exemplo, a sentença "o mosco estrafegou as poderes". As cinco palavrinhas são, por ordem de entrada em cena: artigo, substantivo, verbo, artigo, substantivo. Mas peça aos discípulos que façam uma nota de falecimento para ver o que sai.

Em vez disso, começo onde outros terminam ou aonde nunca chegam, como na literatura, que empacou há mais de oitenta anos no Modernismo, sem que sejam enfim realizados, com honras e glórias, os solenes funerais literários.

Sim, berços e túmulos fazem parte de nossa existência. Por que tamanha obsessão com atestados de óbito? Onde estão as certidões de nascimento dos escritores surgidos há quase um século? No caso da sentença do exemplo, os alunos demonstram estar mais interessados em saber que "mosco", "estrafegou" e "poderes", assim reunidos, contam que certo sacerdote antigo rasgou as vestes então em moda nos templos daquela região, naquela época.

Tenho especial predileção por nossas origens, tão abandonadas há décadas. Filhos da flor latina, somente reencontramos a mãe romana quando alguém, em geral querendo ostentar um saber que não possui, cita um provérbio ou usa certa expressão. Há advogados que tropeçam no português de uma simples petição, abolindo regência e bons costumes nos tratos com a língua mãe, mas *ex abrupto*, eis que incluem um verso qualquer, como *libertas quae sera*, sempre na companhia de um desnecessário *tamen*.

Para concluir, eis algumas curiosidades. O dia das mães surgiu por iniciativa da poetisa e filantropa norte-americana Julia Ward Howe, em 1872. É comemorado no Brasil no segundo domingo de maio, desde que foi instituído, em 1932, por decreto de Getúlio Vargas. Cada povo tem sua mãe. *Mother*, em inglês; *Mutter*, em alemão; *mère*, em francês; *madre* ou *mamma*, em italiano; *mitir*, em grego; *mat*, em russo. No latim é *mater*. No espanhol, *madre*. O português passou de madre a *made*. E fixou-se em mãe, nasalizando-a. Há quem analise tal fixação de outros modos. Mas o dia da mãe ainda não chegou. Da nossa mãe, da mãe de todos os brasileiros, que sem ela não existiriam.

Dinheiro vivo

São do talentoso poeta carioca Agenor de Miranda Araújo Neto, mais conhecido por Cazuza, falecido precocemente aos 32 anos, em 1990, os versos convocatórios: "*Brasil, mostra a tua cara,/ quero ver quem paga/ Pra gente ficar assim,/ Brasil, qual é o teu negócio,/ o nome do teu sócio,/ Confia em mim!*".

Como Cartola, que também se chamava Agenor, o cantor e compositor é mais conhecido pelo apelido. Desde antes de nascer seu pai já o chamara Cazuza, moleque no dialeto nordestino, com raízes no banto *Kazuza*, diminutivo de *Zuzé*, adaptação do português "José" à doçura e à maciez da língua africana.

O pagamento denunciado pelo jovem poeta existe e é feito em dinheiro vivo na boca do caixa. Mas caixa tem boca? Claro que tem. Até a noite tem boca. E é na boca da noite, depois dos telejornais vespertinos, que muitos políticos, pegos com a boca na botija, caem na boca do povo, devido à boca grande dos jornalistas que os flagraram defendendo a ética da boca pra fora e por isso botaram a boca no mundo. Mas já se diz à boca pequena que haverá pizza para todas as bocas envolvidas.

Menos para o povo, é claro, que à boca miúda ou já batendo boca, lamenta, como sempre, a exclusão. Para ele, que não foi convidado para o banquete, pago com o dinheiro público, a não ser como figurante eleitor, virá apenas a conta das despesas.

Existe também dinheiro morto. Ele é enterrado ou incinerado, à semelhança do que se faz com os mortos, ou aguarda nos cofres a ressurreição, podendo de lá ser sacado, como acontece com o arquivo morto e com o monte de cartas denominado morto, arrebatado pelo jogador que primeiro descarta suas cartas em jogos como a canastra, a biriba e o buraco.

A língua portuguesa, amada por uns, vilipendiada por outros, é cheia de mistérios. Ao dinheiro morto de cheques e de cartões, a turma que saqueia prefere o dinheiro vivo, ainda que as grandes quantias denunciem atividades ilícitas. Para todas as outras existe o cheque, o cartão de crédito, o fiado e diversas outras denominações.

O dinheiro vivo é herdeiro direto das especiarias dos fins do século XV e alvorecer do século XVI. Por ter descoberto o Brasil, Pedro Álvares Cabral recebeu, além de 30 kg de ouro, uma tença, do latim *tenentia* (o que se tem para viver), muito maior do que aquela que o rei concedera a Luís de Camões por ter escrito *Os Lusíadas*.

A origem dos primeiros saques está na palavra "especiaria", do latim *specie*, espécie. Especiaria veio do latim *specie*, espécie. Uma das mais valiosas era a pimenta, do latim *pigmenta*, plural de *pigmentum*, pingo, corante, designando também o conhecido tempero. Pimenta, noz-moscada, gengibre, cravo, canela e, mais tarde, com o tráfico negreiro, também *Gabrielas* e *Gabrielos*, foram nossas primeiras especiarias.

A expressão "dinheiro em espécie" remonta a pagamentos feitos em espécie, vale dizer em mercadorias. Depois passou a significar o contrário: em dinheiro. O descobridor do Brasil recebeu autorização do rei dom Manuel I para embarcar trinta toneladas de pimenta na Índia e revender à própria Coroa com seiscentos por cento de lucro. Cada um dos marinheiros poderia trazer seiscentos quilos e fazer o mesmo.

Descoberto há mais de quinhentos anos, republicano há mais de um século, o Brasil ainda não mostrou a sua cara, nem o nome de seu sócio. E o dinheiro vivo continua cheio de mistérios. Ignoramos também quem pegou o morto nesse jogo.

É de tirar o boné

Não nos expressamos apenas com palavras. O semblante e os gestos também falam, assim como as peças do vestuário, se bem que algumas delas apenas na intimidade. Ainda assim, certa repórter, narrando o que se passara num evento musical, escreveu: "Não faltaram gritinhos, tentativas de agarros, beijos e calcinhas molhadas".

O episódio, examinado certa vez em saborosa crítica de Moacir Japiassu no livro *Jornal da Imprença*, é exemplo de erro insólito. A ortografia e a sintaxe estavam corretas. Com efeito, a moça poderia ter escrito "calssinhas", como o autor fez com a palavra "imprensa", grafada "*imprença*" para destacar os erros mais comuns em jornais e revistas. Ou poderia ter errado a concordância nominal: "calcinhas *molhada*". Ou a verbal: "não *faltou* gritinhos". Ela cometeu outro tipo de erro. Terá apalpado as pessoas? Com efeito, deixou implícito que sim, isto é, subentendido, ainda que não expressado formalmente. Ou expresso, pois o particípio do verbo "expressar" aceita as duas formas. E o de "aceitar", aliás, legitima três: aceito, aceitado, aceite.

Muito se disse outrora sobre o boné que o presidente Lula vestira em recepção aos membros do MST. Quem reprovou o gesto presidencial teve razões de sobra para ficar preocupado. O boné é peça de vestuário. E por isso fala. E o boné do MST é um dos símbolos da organização. Assim como falam a camisa, a gravata, o terno, as meias, os sapatos, aos quais se somam outras partes constitutivas do decoro, como o tratamento dos cabelos, da barba e das unhas. É claro que um presidente de boné preocupava menos o Brasil do que um presidente de quepe.

O último presidente do ciclo militar pós-64, o general João Figueiredo, atendendo a recomendações de assessores, abandonou o quepe, a farda, retirou Baptista e Oliveira de seu nome, com o fim de popularizar-se, e ainda cometeu deslize pior do que o do presidente Lula, pois deixou-se fotografar de sunga. O deputado Barreto Pinto foi cassado na década de 1950 por ter posado, no Brasil, de fraque e cuecas para uma revista. É muito importante discernir, neste caso, o país. Em Portugal, as cuecas são roupas íntimas femininas, equivalentes às calcinhas brasileiras.

O chapéu integra forma de saudação, ao lado dos pronomes de tratamento. E assim nasceu até a expressão "é de tirar o chapéu". Foi no reinado de Luís XIV, o Rei Sol, que a França disciplinou as saudações feitas com o chapéu. O costume vinha dos tempos do cardeal Richelieu, o principal conselheiro de Luís XIII.

Os cumprimentos podiam ser feitos com um toque na aba; erguendo-o um pouco, sem retirá-lo da cabeça; tirando-o inteiramente ou fazendo-o roçar o chão, quase como uma vassoura, tudo dependendo da importância social de quem era saudado. Como se sabe, os Luíses XIII e XIV foram reis que se preocuparam muito com chapéus. Logo depois, um dos mais famosos da sequência, Luís XVI, perdeu muito mais do que o chapéu: a própria cabeça, na Revolução Francesa.

Evidentemente, chapéu, boné, quepe, cartola, barrete e solidéu, como os hábitos, não fazem os monges. Mas interferem na liturgia do cargo, como a definiu um dia o ex-presidente José Sarney. A beca e a toga também falam. Por vezes, mais alto do que as espadas.

Escrever, comportar-se e vestir-se tem suas pequenas leis. Tais cuidados parecem do tempo do Onça, cognome do governador do Rio de Janeiro, de 1725 a 1732, o capitão Luís Vahia Monteiro, apelidado Onça, autor de célebres frases: "nesta terra todos roubam. Só eu não roubo".

A ética está acima do uso de boné, chapéu, quepe ou solidéu. Mas não é imune a tais símbolos. E erros crassos podem ser crimes de lesa-língua.

Eles falam assim. E nos representam!

O Congresso deve providenciar algumas oficinas de língua portuguesa. Pelo menos para evitar vexames como os que seguem. Afinal, respeitada a vontade popular que elegeu parlamentares tão despreparados, resta à elite que dirige a Casa ocupar-se de qualificar os colegas.

Quem ensina português, ensina a pensar, não apenas a falar e a escrever. E que dizer de quem não aprende a língua portuguesa e vai exercer ofício em que ela é ferramenta de trabalho indispensável para fazer leis que todos devem cumprir?

É o caso de muitos parlamentares que, em intervenções estapafúrdias, mostram que não dominam a norma culta do idioma nacional. Mais do que isso, infringem comezinhas regras de lógica, falando sem sentido e assustando os ouvintes.

Pior do que a ignorância de sua ferramenta de trabalho e a insensatez dos arrazoados, é, porém, a arrogância que acompanha alguns juízos, como o deputado que, defendendo "emendas fisiológicas e paroquiais", disse o seguinte: "ó, ignaros e rudes, não compreendem que o povo mora nos municípios e não no estado e na nação!".

Pensando bem, além da oficina de português, é indispensável também um breve apanhado de noções clássicas do que se entende por Estado, Nação, União, e estado, município, região, pelo menos para que saibam diferenciar as designações.

A Igreja Católica, de cuja organização Sua Excelência retirou o conceito de paróquia, rebaixou bastante a formação dos sacerdotes, mas ainda não se deixa representar por quem confunde diocese com paróquia, ou capela, sua subdivisão, com o Vaticano.

O mesmo parlamentar, fazendo elogio fúnebre, disse do morto o seguinte: "homem antítese, dele se pode dizer que aumentou a população ao nascer e reduziu-a sensivelmente ao desaparecer". Nenhum dos presentes ousou explicar a declaração do colega.

Um senador deu curiosa aula de literatura brasileira. Comentando o romance *Iracema*, de José de Alencar, fez a exegese da abertura e concluiu que a virgem dos lábios de mel era piauiense: "além, muito além daquela serra que ainda azula no horizonte, só pode ser o Piauí".

Outro deputado, em ataque de modéstia inaudita e incompreensível, começou assim: "estou profundamente decepcionado comigo mesmo". Até aqui, tudo bem, mas a emenda arrasou o soneto: "reduzi-me, gradualmente, a uma figura microscópica, pela impossibilidade de ser, e como gostaria de ser o que já fui e o que o penso que deveria ser". Eis um dos terríveis resultados da supressão da análise sintática nas aulas de português!

Inconformado com a falta de cortesia, um deles comparou os colegas a bichos: "uns passavam pelos outros sem se cumprimentar, como que animais. Aliás, os animais ainda se cheiram..."

Tendo deixado de apertar o botão que mostraria seu voto no painel, um deles justificou-se ao presidente da Casa: "fui criado no sertão, trabalhando na enxada, e não consigo mais colocar a impressão digital com o indicador". Qual a ligação entre o trabalho anterior e o atual? Não teve tempo de fazer os nexos devidos, pois sua preocupação era outra: "pergunto como ficará minha situação, pois, de tanto montar jegue e trabalhar no sítio, perdi a impressão digital e talvez não possa mais nem ir aos Estados Unidos, país que exige identificação".

Interlocutores e leitores concluam onde estava localizado o dedo do nobre parlamentar.

E alguns deles se apresentaram aos eleitores como professores e doutores! Quer dizer, antes dos eleitores, houve gente qualificada que, por ignorância ou perfídia, outorgou-lhes diploma de curso superior.

PS. Os exemplos foram pesquisados de matéria assinada por José Casado, publicada em O Globo (6 fev 2005, p.4).

Elite e tropa de elite

Tarso Genro, quando ministro da Educação, declarou que a universidade gratuita atende "a uma elite que estuda unicamente para ficar mais rica". A declaração recebeu diversas críticas.

Intelectuais da tropa de elite – expressão sobre a qual paira outra controvérsia, pois se é tropa não é elite –, defensores de antigos conceitos, enganaram-se na interpretação da fala ministerial, embora tenham dado a contribuição da controvérsia, ingrediente sempre indispensável nas questões relevantes.

As críticas à declaração desconsideraram o providencial artigo indefinido "uma", que o ministro utilizou, e que tem a função de deixar imprecisa a entidade que designou.

O ministro aludiu a um estamento, digamos assim, categoria utilizada, entre outros, por Max Weber e Raimundo Faoro, como o principal beneficiário entre os estudantes da universidade pública.

Não apenas os livros podem ajudar na interpretação da fala ministerial. Também uma visita às universidades públicas pode esclarecer os juízos. Ali estudam universitários que não têm onde morar, acomodados em alojamentos precários. São colegas de outros, que moram com os pais ou em residências confortáveis, chegam em carros novos e podem comprar quaisquer livros que o professor indicar, quase sempre em falta nas bibliotecas frequentadas por aqueles que vivem nos campi.

Mas uma elite esperta, embora certamente minoritária nas universidades públicas, estuda unicamente para ficar mais rica. Este é, aliás, não apenas o projeto dos filhos, mas também o dos pais que ensejaram as condições para que os rebentos ali chegassem.

De resto, Pierre Bourdieu e Jean-Claude Passeron, entre outros, esclareceram os conceitos de reprodução social, de cujas estratégias a universidade participa, ao mesmo tempo em que discerniram "condição de classe" de "posição de classe".

A declaração do ministro é de uma obviedade desconcertante. Não podemos redimir o sistema e utilizar como operador a "edificante norma da exceção" como exemplo de que as coisas não são como são. Sim, há pobres que venceram na universidade, aqueles que a semântica oficial denomina estudantes que trabalham, quando sabemos que são "trabalhadores que estudam". E estes são exceções!

Se persistirem os sintomas das interpretações controversas, é melhor recorrer também às botânicas e às jardinagens da língua portuguesa. Com efeito, bem antes de os sociólogos tomarem estamento como categoria, a palavra já existia na língua portuguesa, designando cada uma das instâncias que concorriam às Cortes, como os clérigos, os nobres, os cavaleiros, os procuradores e os universitários! O catalão "estament", na Idade Média, e o espanhol "estamento", no século XVII, precederam o português na adoção do vocábulo com este sentido.

Já a palavra "elite" veio do latim "electum", escolhido, mas fez escala no francês "élite". Originalmente, foi particípio passado do verbo "exlegere", no latim vulgar, e "eligere", no latim culto, ambos com o significado de escolher. O dito evangélico – "muitos são os chamados, poucos os escolhidos" – foi refinado nas elites universitárias: poucos são os chamados e ainda menos os escolhidos, isto é, os que se formam.

Se você nasce numa casa que tem biblioteca, por mais que os poderes, públicos ou privados, lhe assegurem acesso ao livro, a sua está em casa! É claro que todos os universitários são iguais perante a lei, mas estão em evidente desvantagem aqueles que estudam em universidades sem livros e não os têm em casa.

O tema da educação veio para as primeiras páginas. E assim, na semana que passou, vimos mais do que conchavos políticos e juros, tratados por outras tropas de elite. Ou por tropas de outras elites.

Em boa hora, embora

Vestir-se de modo a revelar o que sente, negar de pés juntos, dar três pancadinhas na madeira e cair sentado para trás: restos de superstições, de crendices, de usos e de costumes em templos, em igrejas, em quartéis e na lavoura estão presentes na língua portuguesa, mas seu rastreamento demanda pesquisa.

O advérbio "embora" é resquício da convicção dos antigos romanos de que havia uma boa e uma má hora para o começo das tarefas. Iniciadas em boa hora, seu êxito estava garantido.

Na Idade Média, por força da decadência do Império Romano, os oráculos e os agouros eram ideias fora do lugar, pois reinava triunfante o cristianismo, principalmente em Portugal, com os reis católicos. Mas permaneceu a expressão "em boa hora", cujas três partículas foram juntadas para fazer o advérbio "embora".

Seu antônimo, a hora má, pronunciada "aramá", será encontrado apenas em textos arcaicos, pois a expressão foi abandonada. Já desastre, vindo do provençal, permaneceu e ainda hoje designa o acidente de trânsito, depois de fazer escalas no italiano *disastro* e no francês *desastre.*

Em "oxalá", da expressão muçulmana *in xallá*, traduzida como "Alá queira", sendo Alá substituído por Deus, surgiu a similar "se Deus quiser", complemento indispensável nos projetos anunciados, de uma visita a um trabalho. "Irei, sim, se Deus quiser." "Vou fazer, sim, se Deus quiser."

Porém o excesso de inclinações do corpo acompanhando os dizeres, repetidos duas vezes, *salam 'alaik*, levou os impacientes brasileiros, usualmente gentis e cordiais, a designar salamaleque o exagero de cortesias no cotidiano.

Excetuado o uniforme, principalmente de estudantes, soldados e religiosos – do latim *uniformis*, forma única –, cada um se veste como quer ou pode, revelando o perfil social e psicológico de quem está dentro da roupa.

Embora o lobo possa estar disfarçado em pele de cordeiro, prevalece a convicção de que, se o homem é o que come, é também o que veste e o quê e como fala. O luto, marcado pela roupa inteiramente preta, logo após a morte do ente querido, também dito luto fechado, ou a fita preta sobre a veste branca ou de outra cor nos dias, semanas e meses seguintes, é indicador de tristeza pela perda irremediável.

Negar de pés juntos remete à linguagem corporal dos quartéis, quando o subordinado nega a acusação ou acata as ordens, batendo os calcanhares. Tirar o chapéu e fazer continência evidenciam a humildade da cabeça descoberta. A saudação militar indica estar o subalterno atento, contido, e não indisciplinado, o que seria indecoroso.

Já "cair sentado para trás", depois de "perder as estribeiras" e as "rédeas do animal", pode ser resquício dos tempos em que a pecuária era hegemônica e determinava comportamentos. "Meter os pés pelas mãos" resultava em sérios atrapalhos: mãos nos estribos e pés nas rédeas. Não poderia dar certo.

Por fim, as três pancadinhas na madeira remontam igualmente à antiga Roma. Afagos e beijos nas mesas foram transformados em batidinhas delicadas para espantar maus presságios.

Os sacerdotes, porém, continuaram a beijar a mesa da celebração, o altar.

Encíclica surpreendente

Bento XVI, 265º. papa, em sua primeira encíclica, do latim *littera encyclica*, carta circular, com elipse de *littera* (carta), fez da caridade, do amor e do sexo as palavras-chaves. E, como sempre acontece nessas ocasiões, o latim, tido por língua morta, voltou em todo o seu esplendor ainda no título *Deus caritas est* (*Deus é amor*). O texto está divido em duas partes. O tema solar da primeira é o amor; da segunda, a caridade.

O Sumo Pontífice, intelectual controverso e de renome na Igreja muito antes de chegar ao cardinalato, domina como poucos, não apenas a língua materna, a alemã, mas também o latim e outras oito línguas.

Doutor em Teologia, foi agraciado com sete doutorados adicionais, todos *honoris causa,* expressão de impossível tradução literal, significando distinção, equivalente a "para honra". O nominativo *honos*, honra, em latim, dá bem a ideia de homenagem, merecimento, e está presente também na palavra honorário, designando não apenas título, mas pagamento a advogados, juristas e outros profissionais cujo trabalho não pode ser avaliado e medido apenas quantitativamente.

O conclave, do latim *conclave,* da expressão *cum clave* (com chave, porque a eleição é feita a portas fechadas) como é denominado o sacro colégio dos cardeais convocado para eleger, de modo indireto, o novo pontífice, não é, nem pode ser democrático, pois é integralmente composto por cardeais nomeados pelos papas anteriores, a maioria por João Paulo II, sem que um só tivesse sido eleito pelos católicos, hoje cerca de 15% dos 6 bilhões de habitantes do planeta, sendo o Brasil a maior nação católica do mundo.

Ao contrário do que se passou no Vaticano, em nosso país, nas últimas eleições elegemos Luiz Inácio Lula da Silva para presidente da República e ele tem apenas o curso primário. Não contente em ter chegado aonde chegou pela generosidade e falta de preconceito ou falta de critério do povo brasileiro, deu em pronunciar-se, cada vez com mais frequência, a favor da falta de educação, como se sua notória deficiência nesse campo fosse, não uma séria deficiência, mas uma qualidade!

Subvertendo a clássica definição das democracias – uma pessoa, um voto – poucas centenas de cardeais escolheram aquele que adotaria o nome de Bento XVI para comandante supremo da Igreja. Nascido na Alemanha, em 1927, pianista e admirador de Beethoven, o papa é filho de um policial que se insurgiu contra os nazistas muito antes de o filho deserdar do exército alemão. Professor universitário, o cardeal Joseph Ratzinger, seu nome civil, entrou para o seminário aos doze anos e logo demonstrou grande amor ao estudo. Já padre e teólogo, foi protegido de Hans Kung, teólogo suíço que contestava a autoridade papal. Ratzinger, chamado *panzer cardinal* pelos alemães, em alusão aos famosos tanques de guerra, continua controverso aos olhares leigos, sobretudo depois de ter renunciado para ser sucedido pelo argentino Oscar Jorge Bergoglio, o papa Francisco. Se porventura outro papa chamar-se Francisco será Francisco II e este passará a Francisco I, como ocorreu aos papas João Paulo II e João Paulo I.

Quando a Igreja proclamou *habemus papam* (temos papa), a imprensa do mundo inteiro destacou que ele era ultraconservador.

Pois sua primeira encíclica não é exemplo de conservadorismo. A Igreja enfim reconhece o sexo com amor. Até agora aceitava-o apenas como meio de reprodução. É um avanço extraordinário.

Erros que divertem e ensinam

Vários profissionais têm reunido casos antológicos de falhas graves ou pequenos desacertos de colegas, mantendo anonimato da autoria, pois o propósito de tais coletâneas é corrigir os erros e evitar sua repetição, sem tripudiar sobre quem os cometeu.

Há grande diferença entre erro e deslize em português, assim como em direito e em medicina. Uma coisa é errar o tempo e a conjugação de um verbo, a colocação de um pronome ou de um advérbio. Outra, bem diferente, é levar alguém à prisão ou à morte por tal incompetência.

Já ouvi que em nossas leis, que se dividem entre as que "pegam" e as que "não pegam", os verbos estão no futuro e este nunca chega: "o Estado promoverá, na forma da lei, a defesa do consumidor", diz o artigo XXXII de nossa Constituição. Quando, nunca se soube, mas já "despiorou" muito. Já há serviços 0800, número que se tornou sinônimo de gratuito, mas as companhias telefônicas e os provedores de Internet são muito democráticos, se o cidadão lhes pagar pelo que fazem com tantas falhas.

São frequentes os deslizes de língua portuguesa no exercício das profissões, mas, embora não pareça, poucos são tão rigorosos consigo mesmos como os advogados. Ainda que diplomado em centros de excelência, nenhum deles pode exercer a profissão se não for aprovado em exames nacionais aplicados pela Ordem dos Advogados do Brasil (OAB).

Como já são proverbiais algumas besteiras proferidas em documentos judiciários – mais abundantes em petições do que em sentenças, por razões óbvias –, algumas publicações, dirigidas por advogados, tentam corrigir a situação, como é o caso da revista *Redação jurídica*, publicada em Niterói com apoio da OAB.

No número 13, traz curioso artigo de Davi da Silva Sá, que reúne sob o título "Folclore jurídico" trechos extraídos do mundo judiciário. Eis alguns exemplos: "Xingavam a todos com palavras de baixo escalão". "Encontramos a vítima caída ao solo, aparentando ter cometido um homicídio contra si mesmo". "Constava um objeto apreendido: duas latas de cera Odd e uma lata de cera ppO". Os redatores, nos dois primeiros casos, confundiram baixo calão, equivalente a palavras vulgares, com "baixo escalão", e suicídio com homicídio. No terceiro caso, o redator pensou que uma das duas latas de cera, que ele referiu como "um objeto", fosse de marca diferente. Não era. Estava apenas de cabeça para baixo. A lata, não o redator.

Nascido do latim, o português guarda em seu vocabulário "pensamentos recônditos, intenções torcidas, ódios secretos", como diz Machado de Assis em *Várias histórias*.

Certa vez o signatário, buscando entrevistar um juiz, recebeu convite para assistir a uma audiência. Um dos querelantes – palavra que veio do latim *querella*, queixa, amparada na forma verbal *queror*, gritar – usava toda hora o verbo judiar com o significado de maltratar. E o juiz era judeu! Em resumo, ofendia sem querer as ancestralidades da etnia, sem racismo nenhum, apenas por descuido. Cometia, pois, um deslize em sua argumentação.

Significados ocultos podem, entretanto, ser rastreados se pesquisarmos a viagem que as palavras fizeram até chegar ao português. Nem todos os significados são explícitos, alguns estão ocultos no seio dos vocábulos. São seios que não usam sutiãs, como os seios da face (expressão corrente em medicina), o seio da família e o seio da liberdade, este último definido como cidadela de resistência no *Hino nacional*: "em teu seio, ó liberdade, desafia o nosso peito a própria morte".

De todo o exposto, *ex positis*, concluímos: os profissionais precisam estudar português! E talvez um pouco de latim também, *quod erat demonstrandum*!

Escrevendo com os poetas

O que os poetas brasileiros e portugueses escreveram sobre os bichos? O escritor gaúcho Sérgio Faraco organizou preciosa coleção de poemas. *Livro dos bichos*, em formato de bolso, é da LPM e está à disposição dos leitores até em farmácias. Sua leitura pode ajudar os vestibulandos a escreverem suas redações. Inspirada em poesias como essas, a prosa sairá melhor.

Uma das mais bonitas é *A última abelha*, de Raimundo Correia. Em noite chuvosa, Nossa Senhora deixa a roca e vai salvar uma abelha que se debate toda molhada na vidraça: *"entre dois dedos toma-o. Vê, contente,/ no inseto a abelha-mestra de um cortiço;/ recolhe-o no seio caridoso e quente;/ e as duas asas trêmulas, vermelhas,/ num beijo terno enxuga-lhe... Sem isso,/ o verão não teria mais abelhas"*.

Olavo Bilac trata dos amores suicidas dos machos em *Os amores da abelha*, "noivos zonzos, voando ao nupcial mistério", numa loucura da qual sobrará apenas um, que "morre na vitória". O fecho é perfeito: "e, rodopiando, inerte, o suicida sublime,/ entre as bênçãos da luz e as hosanas do vento,/ rola, mártir feliz do delicioso crime". O poeta, inventor do livro didático e do serviço militar obrigatório, tinha paixão por amores de final infeliz.

A abelha inspirou também a Humberto de Campos, que lhe dedicou um soneto: *"para que a abelha, nossa irmã, produza/ mel saboroso que, entre ceras, vaza,/ há muita gente precavida que usa/ plantar roseiras em redor da casa"*. É exemplo de abertura de redação. O fechamento não é menos didático: *"o próprio inseto amolda-se ao suborno:/ se não queres que a abelha te envenene,/ não lhe plantes mandrágoras em torno..."*.

Hermes Fontes ocupou-se das borboletas. Ou das mulheres? *"Borboletas! Nasceis para inebriar rosas!.../ Mulheres – borboletas venenosas –, / envenenai-me o coração!..."*. Na página seguinte, filosoficamente, Fernando Pessoa acaba com tudo: *"no movimento da borboleta o movimento é que se move,/ o perfume é que tem perfume no perfume da flor./ A borboleta é apenas borboleta/ e a flor apenas flor"*.

A cigarra e a formiga comparecem ao poema de João de Deus para que seja exaltado o trabalho e repudiada a arte. Tendo cantado no estio, ao chegar o inverno a artista procura a trabalhadora e lhe pede o favor de *"me emprestar mantimento,/ matar-me a necessidade"*, mas ouve em troca que *"quem leva o estio a cantar,/ leva o inverno a dançar!"*. O que a formiga fez foi roubar e destruir as plantações, por que, então, é tão louvada? O famoso viajante francês August de Saint-Hilaire já tinha dito da formiga a sua frase célebre: "ou o Brasil acaba com a saúva, ou a saúva acaba com o Brasil".

Faraco inclui alguns clássicos, presentes em várias antologias, como *Cisnes*, de Júlio Salusse, carioca, falecido em 1948, aos 76 anos. Depois de dizer dos amantes que *"nós dois vagamos indolentemente,/ como dois cisnes de alvacentas plumas!"* conclui que é proibido aos viúvos se casarem: *"que o cisne vivo, cheio de saudade,/ nunca mais cante, nem sozinho nade,/ nem nade nunca ao lado de outro cisne"*. Como se vê, o casamento monogâmico era defendido a ferro e fogo, mas também a cisne e água.

Em lendárias narrativas cristãs, os peixes subiram à flor d'água para ouvir o sermão de Santo Antônio. E São Francisco convivia com pássaros e lobos. A paz com o lobo foi obtida de um modo que pode ser tema de redação: "Irmão lobo, prometo que, enquanto viveres, não sofrerás fome; porque sei que é por fome que fizeste tanto mal".

Santos e poetas têm muito em comum. Redigirá melhor quem ler o que escreveram. Invocados no vestibular, a melhor ajuda que os santos podem dar aos escreventes é outra: a leitura dos poetas, que narram em verso e em prosa.

Exclamações inconvenientes

Orra, meu! Em vários lugares do Brasil, especialmente em São Paulo, é muito ouvida esta expressão. A linguagem coloquial omitiu o "p" inicial e, entre outras elipses, tirou também o nome que se seguiria ao pronome "meu". Talvez, não sem razão, podemos imaginar que o sentido seria mais ou menos o seguinte: "Nossa, meu amigo!" E aqui também já haveria a elipse de 'Senhora", vez que Portugal, nação de reis católicos, introduziu a Virgem Maria em numerosas expressões do português, trazendo esse linguajar para o Brasil.

"Porra" e "porrada" procedem do latim "porra", que designava arma de madeira, na verdade um pedaço de pau em cuja extremidade havia uma protuberância. Ali eram incrustados pedaços de metal, semelhando pregos.

Bem antes de tornar-se a interjeição mais exclamada em nossa linguagem coloquial, dar uma porrada no inimigo era feri-lo. Mas a "porra", que serviu de base a palavras como "porrada" e "porrete", designava também, entre os séculos XIII e XV, sem a vulgaridade que depois a marcaria, um cetro eclesiástico, muito usado por autoridades da Igreja em procissões e outras solenidades.

Por isso, quando hoje alguém exclama "orra, meu!", na estrada da língua um longo trecho foi percorrido e nesse trajeto a ofensa foi perdendo sua carga de violência, limitando-se a uma inconformidade apenas verbal, sem que a ofensa esteja necessariamente presente.

Outras vinculações foram estabelecidas. "Porra" foi também, durante séculos, variante de "porro", vegetal de talo grande e grosso, em cuja extremidade está um bulbo que semelha a ponta da arma romana, que provavelmente serviu de metáfora para designar o vegetal.

No caso do alho, o masculino "porro" substituiu o feminino "porra", evoluindo depois para a forma "porró". Além do mais, o bulbo produz um líquido branco que lembra o esperma, que tem em "porra" a sua designação mais popular.

Às vezes, a ofensa está tão oculta que é preciso ir levantando um a um os sete véus que a encobrem. É o caso de "burro", palavra utilizada para desqualificar o próximo.

Assim, "burro", sinônimo de teimoso e cabeçudo, recebeu inédito reforço no italiano *testone* e no francês *teston*, designando nas duas línguas antiga moeda que trazia a efígie de um rei de cabeça grande.

A intenção de quem mandou imprimir no dinheiro a imagem do rei não foi a de satirizá-lo, mas o povo atribuiu ao indivíduo de cabeça grande uma difusa insuficiência intelectual. Quando, porém, tostão chega à língua portuguesa, no começo do século XVI, não tem mais a carga pejorativa que carregava no francês, que registra *teston* em fins do século XV, nem no italiano, onde, desde o século XIII, designava o tipo de cabeça grande e falto de inteligência.

"Burro", porém, permaneceu como ofensa e com este sentido está em nossa língua até os dias de hoje. "Burro" e "besta" destinam-se, de acordo com o contexto em que são empregados, a ofensas, mas recentemente a língua procedeu a uma curiosa alteração. "Besta" veio do latim tardio *besta*, baseado no latim culto *bestia*, ambos designando animal quadrúpede capaz de transportar cargas que os ombros humanos não podiam ou não queriam carregar. Logo passou a ser usado em sentido conotativo para ofender os ignaros, à semelhança de um de seus sinônimos. Mas hoje é marca de um dos carros utilitários mais vendidos no Brasil. E neste caso sua etimologia é outra, tendo derivado de *best*, o superlativo de *gut*, bom, em alemão.

E chamar alguém de "burro", do latim *burricus*, é uma ofensa ao animal, como reconheceram vários escritores que o tomaram como personagem. Com efeito, o burro é um animal inteligente.

Falar e governar

Lula não domina a norma culta da língua portuguesa, mas fala bem e é uma pena que não entenda e não exerça os benefícios do silêncio, a não ser em causa própria. Fala bem por quê? Porque tem o que dizer e, por intuição, sabe como fazê-lo. Infelizmente, autodidata em política, recusa-se a aprender algumas verdades essenciais, que estão apenas nos livros e somente ali podem ser encontradas. Mas embora muitos de seus áulicos insistam em nos fazer crer que o chefe leia, ele não lê e nos indícios desta ausência de leitura. Por que discriminar quem não tem o hábito nem o gosto de ler? Muitos leem e não entendem, poderá alguém dizer. É verdade, deram uma chance ao autor de lhes dizer alguma coisa. E parece que o ex-presidente jamais deu esta oportunidade a algum autor ou livro.

Lula abandonou a escola, não vai ao teatro, não compra livros, não frequenta bibliotecas, não vai ao cinema. Não é que nunca vai. Nunca foi! Quando não podia, porque não podia. Quando pôde, não foi porque não quis. Agora pode e não vai porque não quer. Entre os que o cercam há gente culta e bem pensante, mas há também um bando de ignorantes cuja rudeza e truculência são assustadoras. Eles se disfarçam atrás de biombos que os fizeram ministros, diretores, chefes de autarquias, senadores e deputados.

Mas por que o presidente não falou e omitiu as palavras que dele todos esperavam no episódio do mensalão? Porque tem uma deformação política. A palavra, ferramenta de trabalho indispensável, somente é brandida para jactar-se, vangloriar-se disso e daquilo, às vezes de forma ridícula. Tartamudeou um pedido de desculpas, resmungou que foi traído, mas a conversa não foi clara. E ninguém entendcu o quc clc queria, não dizer, mas ocultar!

Pensamos que aprender português é saber substantivos, verbos, adjetivos, regências, concordâncias. É muito mais do que isso! Quatro grandes requisitos presidem à aprendizagem da língua portuguesa: ouvir, falar, ler e escrever. Ouvir é condição para falar, assim como ler o é para escrever.

Antigamente, o português era ensinado em meio a um contexto de cultura clássica. E em tal contexto o latim e o grego tinham nichos apropriados. O intelectual era respeitado e admirado, fosse qual fosse o curso que tivesse feito. Hoje, não. Nem sequer a mecânica da língua é observada.

A propósito, Maria Lúcia Dahl (no Caderno B do JB, em 12/8/05), desabafou em outra direção:" (diziam) "Onde já se viu um operário no poder? Sem cultura nenhuma, falando errado?". E os deputados da CPI, que nunca foram operários, por acaso falam certo? Cansei de ouvir "pra mim fazer", "pra mim ir", "estrupo", "risistro", "houveram muitos culpados"!

Nos meus tempos de seminário, deveríamos aprender também com aqueles que discordavam de nós. Um exemplo? Por ter pago do próprio bolso a reconstrução dos muros da cidade, destruídos por Felipe, Demóstenes recebeu dos amigos uma coroa de ouro, em sinal de agradecimento do povo ateniense.

O invejoso Esquino pronunciou violento discurso contra Demóstenes. Este reagiu e escreveu a Oração da Coroa, até hoje peça estudada com gosto nos cursos de Direito.

Exilado em Rodes, Esquino abriu uma escola onde dava aulas de retórica, lendo logo nas primeiras lições duas peças: a dele, de acusação contra Demóstenes; a de Demóstenes, se defendendo.

Quando terminava de ler a sua, ouviam-se poucos aplausos, mas quando concluía a de Demóstenes, a sala quase vinha abaixo, tão estrondosas eram as palmas. Ele acabou desistindo de ensinar.

Flores e desastres do português

Nossa língua portuguesa foi concebida em célebre poema de Olavo Bilac como a "última flor do Lácio, inculta e bela" e "ouro nativo", além de "esplendor e sepultura". Dedicados professores e autores, como Sérgio Nogueira e Cláudio Moreno, mantiveram e talvez mantenham colunas de língua portuguesa na mídia. Não somos concorrentes e nem adversários. Somos aliados. E estamos interessados em atingir objetivos semelhantes, cada qual ao seu estilo e à luz das especificidades de nossos respectivos ofícios.

Certa vez, na Bienal do Livro, no Rio, os organizadores puseram Sérgio Nogueira e a mim frente ao distinto público de um Café Literário, de que participou também Reinaldo Pimenta. Tivemos todos um agradável convívio, à entrada e à saída dos debates, o que, convenhamos, não é muito usual entre intelectuais e professores.

Embora nosso preparo físico fosse ligeiramente superior ao dos ministros do então presidente Lula, alguns dos quais marcavam passo e davam maus passes nas peladas do paço, foi-nos providenciado um veículo pequeno que veio a substituir a maca nos campos de futebol e em recintos reservados a eventos, como era o caso.

Ainda assim, pareceu-me que já chegávamos estropiados, precisando de maca, palavra de origem controversa, provavelmente com raízes no baixo alemão *Hangmat*, que na língua culta equivaleria a *Hängematte*, tapete suspenso. Fez escala no espanhol *hamaca*, rede estendida entre duas árvores. Tendo servido de cama, passou depois a ser utilizada como veículo para transporte de doentes e feridos. Nos países tropicais, a maca é a liteira dos pobres. É muito conhecida nos campos de futebol, servindo para retirar o atleta que, machucado, não pode locomover-se por seus próprios meios. Jogadores fingidos, quando postos sobre a maca motorizada, parecem à beira da morte. Uma vez retirados do gramado, saltitam alegremente, pois foram curados no trajeto. Pois nós também saltamos, recebemos alta daquela ambulância e fomos ao trabalho.

Nosso tema era a origem de palavras e de expressões que se consolidaram de tal modo em nossa língua, a ponto de algumas delas servirem de vinhetas na imprensa. As vinhetas são assim chamadas porque os monges medievais enfeitavam seus escritos com desenhos de folhas e de cachos de videiras. No latim, videira é *vinea*. No francês, filho do latim, *vinea* tornou-se *vigne*. E a pequena *vigne*, *vignette*, que se tornou vinheta, no português. As vinhetas, antes de migrarem para a escrita, estavam em móveis e louças, onde, aliás, ainda permanecem.

Os leitores, repartidos, detestam ou veneram Olavo Bilac. Integro o segundo lote. Textos de pouca ou nenhuma isenção ideológica lembram com surpreendente obsessão que o conhecido escritor brasileiro inventou o livro didático e o serviço militar, ambos obrigatórios, ainda que o primeiro apenas para os homens. Mais cívicos, outros lembram que é autor de nosso Hino à Bandeira. A Bíblia já avisou que o justo sofre na boca dos ímpios. Mas os tempos mudam e quem hoje é ímpio, amanhã pode ser considerado justo e vice-versa. De todo modo, os ímpios hodiernos, quando referem Olavo Bilac, dão-no apenas como o autor do primeiro desastre de automóvel no Brasil.

E eis um caminho que se bifurca. Desastre veio do provençal antigo *desastre*, passando pelo francês *désastre* e pelo italiano *disastro*. Em todas as línguas citadas, designava originalmente desvio da rota do astro ou "contra os astros", dada a enorme influência da astrologia em tempos remotos. Os antigos pensavam que as grandes desgraças e calamidades decorriam de desordens entre os astros, impedidos momentaneamente de zelar pelas coisas terrenas. E não recolhiam impostos para tais proteções. É, mas não vivemos no Céu. Vivemos na Terra. E aqui há impostos e desastres. Não deixa, porém, de ser poética a designação de desastre.

Uma curiosidade marca o primeiro deles no Brasil, envolvendo dois escritores: o poeta Olavo Bilac pediu emprestado o automóvel de José do Patrocínio e destruiu o carro do célebre orador abolicionista numa batida antológica. Ora, o chofer barbeiro – chofer passou a motorista – era poeta dos bons e seu nome completo formava um dodecassílabo, também denominado alexandrino: Olavo Brás Martins dos Guimarães Bilac. E a última flor é a língua portuguesa, a última das filhas do latim. É inculta por descuido de seus filhos, mas é bela porque todos reconhecem a delicadeza de suas expressões, principalmente na fala, dadas as contribuições que recebeu dos novos falantes de além-mar, no Brasil, como na África e na Ásia.

A região do Lácio, localizada às margens do mar Tirreno, na Itália, foi subjugada pelos romanos no século IV a.C. Uma boa mostra de quanto a última flor do Lácio continua inculta são os programas apresentados no rádio e na televisão no horário eleitoral gratuito, no varejo e no atacado. E outros exemplos – no caso, maus exemplos – procedem de muitos de nossos parlamentares, desde há alguns anos cada vez mais expostos em programas de televisão de responsabilidade de assembleias estaduais e de câmaras de vereadores. E principalmente na TV Senado! Não será o caso de estipular algum tipo de sanção para a falta de decoro no trato com o instrumento por excelência do exercício de suas funções? Afinal, além de maltratar a língua-mãe, cometendo crimes de lesa-língua, fazem isso impunemente, em nome de milhões de brasileiros, a quem representam nos parlamentos.

Francês e inglês no morro

José de Assis Valente não esperou o Brasil ser campeão do mundo em 1958. Na terceira tentativa de suicídio, dia 10 de março, tomou guaraná com formicida e partiu. No dia 19, o baiano de Santo Amaro, que morava no Rio desde a adolescência, completaria 47 anos. Sua primeira tentativa de morrer pelas próprias mãos dera-se em 1941, quando se atirou do alto do Corcovado. Recolhido pelo Corpo de Bombeiros, recuperou-se e compôs *Fez Bobagem*. Estudou no Liceu de Artes e Ofícios, trabalhou como farmacêutico, mas ganhava a vida fazendo próteses dentárias.

Foi, porém, como compositor que deixou seu nome na música brasileira. Começou a compor aos dezenove anos. Sua primeira letra de sucesso foi *Tem francesa no morro*, samba gravado por Araci Cortes, em 1932, em que satiriza a moda dos burgueses cariocas de infestarem suas falas de expressões francesas.

Todavia quem consolidou seu prestígio como letrista foi Carmen Miranda, que gravou várias composições suas, ainda que tenha rejeitado aquele que seria o maior sucesso do compositor, *Brasil Pandeiro*, gravado em 1940 por *Anjos do Inferno*, regravado três décadas depois pelos *Novos Baianos*.

Assis Valente insurgiu-se, não contra os neologismos franceses, mas contra os modismos, frutos da pura exibição de quem queria mostrar que sabia francês: "*Donê muá si vu plé lonér de dancê aveque muá*", escreve ele, limitando-se a transcrever o francês falado pela gente fina e nobre. Debochado, acrescentava o estribilho, repetido a cada dupla de versos do desjeitoso francês: "*Dance Iaiá, dance Ioiô*". "*Si vu frequentê macumbe entrê na virada e finí por sambá/ dance Iaiá, dance Ioiô*". "*Vian petite francesa, dancê lê classique em cime da mesa/ Quand la dance comece, on dance ici, on dance aculá*".

E terminava dizendo: "*si vu ne pa dancê, pardon, ma cherri, adie, je me vá*". Naturalmente, não era necessário, como não é ainda, nenhuma tradução. Aquele francês macarrônico era entendido por todos.

No ano seguinte, foi a vez de Carmen Miranda gravar *Good bye, boy*. Mas desta vez Assis Valente apenas inseriu expressões da língua inglesa para criticar outro modismo, o de incrustar vocábulos de inglês no meio da conversa: "*Good bye, good bye, boy/ deixa a mania do inglês/ é tão feio pra você/ moreno frajola,/ que nunca frequentou/ as aulas da escola*".

O compositor dava à música uma função escolar, que hoje muitos defendem para a televisão: "*antes que a vida se vá/ ensinaremos cantando/ a todo mundo/ B e bé, b e bi, b a ba*". E não se conformava: "*não é mais boa noite/ nem bom dia/ só se fala "good morning"/ "good nigh*t". Viu nas expressões indícios da complexa dominação socioeconômica: "*Já se desprezou o lampião/ de querosene/ lá no morro/ só se usa luz da "Light*".

Na Copa de 1994, realizada nos EUA, por artes da mídia, o Brasil inteiro voltou a cantar outros versos de Assis Valente: "O *Tio Sam está querendo/ Conhecer a nossa batucada/ Anda dizendo que o molho da baiana melhorou seu prato/ Vai entrar no cuscuz/ acarajé e abará/ Na Casa Branca já dançou/ A batucada de ioiô, iaiá*".

Os versos convidavam: "*Brasil, esquentai vossos pandeiros/ iluminai os terreiros/ que nós queremos sambar*".

Gazeta, jornal, tabloide

Pequeno jornal italiano, fundado em Veneza, no século XVI, levou o nome da moeda com que era comprado, a *gazzeta*, diminutivo de *gazza*, cujo significado original é pega, ave europeia parecida com o papagaio, daí ter o sentido figurado de tagarela, pessoa que fala muito. O português pega veio do latim vulgar *pecca*, em que já designava a ave que não canta, um tipo de gralha, que emite uma série sons ásperos e desagradáveis ao ouvido.

Todavia, no italiano, *gazza* gerou *gazzeta*, nome de moeda, e deu nome a vários jornais no mundo inteiro, principalmente na Itália. No Brasil, já aportuguesada para gazeta, designa várias empresas de comunicação, de que são exemplos *a TV Gazeta* e a *Gazeta Mercantil*, em São Paulo, e a *Gazeta do Povo*, em Curitiba.

Já a palavra jornal veio do latim medieval *diurnale*, derivado do latim clássico *diurnalis*, relativo ao dia, semelhante ao que ocorre em diurno, igualmente do latim *diurnus*, diário.

No latim, *diurnus* ou *diurnum* designava originalmente o que se fazia no correr de um dia, o que resultou na palavra jornada, tendo servido para indicar também a distância percorrida a pé durante um dia.

O provençal *jorn*, igualmente radicado no latim *diurnus*, ensejou a transposição de jornada (marcha, para os militares; caminhada, para os civis) para o total de horas que o trabalhador dedica ao serviço diário.

O formato do *Jornal da Estácio* enseja que tratemos de tabloide, palavra que veio do inglês *tabloid*, radicada também no francês *tablette* e mais remotamente no latim *tabula*.

O latim *tabula*, tábua (para escrever) deu origem ao francês *table*, mesa. *Table de nuit* veio a designar no francês a mesa-de-cabeceira, onde eram acomodados objetos utilizados durante a noite: o copo d'água, os óculos, o livro, o jornal, o abajur.

Por analogia com os criados domésticos, de que são exemplos o francês *valet de chambre*, ainda não aportuguesado, e o mordomo, cuja discrição é importante para quem lhes paga os serviços, este móvel foi chamado de criado-mudo.

O francês *tablette*, tabuinha, passou a designar, não apenas a tabuinha para escrever, mas também a prateleira, onde foram postas embalagens com remédios, sabonetes e alimentos. Este é também o sentido de tablete, palavra já aportuguesada: tablete de remédio, de açúcar etc.

No século XIX, os ingleses apropriaram-se do francês *tablette*, transformando-o em *tablet*, tendo depois substituído o "et" final por "oid", criando nova palavra, *tabloid*, para designar remédios, marca atualmente em poder do Laboratório GlaxoSmithKline (GSK), resultado de fusão com a *Burroughs, Welcome and Company*, que registrara a marca *tabloid* para remédios em 1884.

No início do século XX, por metáfora – palavra que veio do grego *metaphorá*, passando pelo latim *metaphora*, que no grego e no latim, como no português, tem o sentido de mudança ou transporte de sentido – surgiu na Inglaterra a expressão *tabloid journalism*, jornalismo em tabloide, isto é, em tabletes, expressão que não trazia ainda a ideia de tamanho menor, mas de versões resumidas das notícias.

Dadas as formas e dimensões utilizadas por esses jornais, *tabloid* em inglês, *tabloide* em espanhol e tabloide em português serviram para designar o novo formato, menor do que o clássico.

Os exemplares do *Jornal do Brasil* vendidos em bancas – tamanho de 47 cm por 31,5 cm – apresentavam formato *berliner*, berlinense, menor do que o clássico e maior do que o tabloide. Foi o começo do fim de sua tiragem impressa. A seguir, o JB virou apenas digital.

Gramática: até Machado teve medo

"Pego na pena com bastante medo. Estarei falando francês ou português?". Machado de Assis pensou em deixar de escrever se os exageros de um gramático substituíssem palavras consagradas pelo uso. Anunciou que deixaria de escrever: "mando este ofício à fava e passo a falar por gestos".

Prudente, em face das inevitáveis afluências de outras línguas, principalmente do francês, o grande escritor seguiu a célebre sentença latina "In medio stat virtus" (a virtude está no meio).

A elipse do verbo resultou em algumas variações de estilo nas citações. Assim, o provérbio aparece às vezes sem a forma verbal "stat" (está): "In meio virtus". O significado é o mesmo.

Neste caso, como em tantos outros, é preciso estar atento ao espírito das letras, que elas o têm! Ah, como têm! Elas não apenas matam, como também morrem. É o espírito que as vivifica.

A recomendação pelo meio-termo, pelo comedimento, pelo ecletismo, aparece em vários autores latinos, entre os quais Marcial, Cícero e Horácio. Este último, ao propor a "aurea mediocritas", expressão hoje viciada pelos significados pejorativos que as palavras "mediocridade" e "medíocre" receberam no português, exaltou a vida medíocre, que evitaria a humilhação da pobreza e a inveja causada pela ostentação da riqueza.

No português, dá-se algo semelhante. Que seria de um escritor que se submetesse friamente às prescrições gramaticais do período? Carlos Drummond de Andrade, Mário de Andrade, Erico Verissimo e o próprio Machado de Assis teriam feito de tal submissão um rebaixamento da qualidade de seus escritos. No léxico como na sintaxe, os escritores mostraram-se muitas vezes insubordinados às normas vigentes com o fim de preservar a força de seus textos.

Além dos citados, também Jorge Amado é bom exemplo das lutas pelas indispensáveis alterações e modernizações de nossa língua portuguesa. O que seria de sua ficção se os coronéis e bacharéis que frequentam os prostíbulos e lupanares baianos – nos romances: não estamos entregando ninguém; aqueles bordéis, como certos vulcões, estão extintos – falassem como as prostitutas a quem amassam e bolinam?

Perdão; as palavras amassar e bolinar ainda não migraram da gíria para a norma culta, onde serão futuramente abençoadas e canonizadas, como já ocorreu à palavra "bacana".

Precisamos escrever, então, que aqueles nobres senhores, ainda que libidinosos, não podem falar como as raparigas, sirigaitas e meretrizes com quem procuram contatos voluptuosos! Antônio de Castro Lopes encontrou Machado de Assis no meio do caminho. O gramático propunha substituir abajur por "lucivelo"; anúncio por "preconício"; cachecol por "castelete"; claque por "venaplauso"; turista por "ludâmbulo"; repórter por "alvissareiro", e futebol por "ludopédio".

Os gramáticos, como o sapateiro de Apeles, não podem ir além das sandálias. À semelhança dos sexólogos, podem orientar-nos, jamais nos substituir.

E Machado acrescentou ainda: "Nunca comi *croquettes*, por mais que me digam que são boas, só por causa do nome francês. Tenho comido e comerei *filet de boeuf*, é certo, mas com restrição mental de estar comendo lombo de vaca".

"Croquette" tornou-se croquete, masculino ou feminino, ao gosto do freguês. "Filet de boeuf" desdobrou-se em filé e em bife. Ninguém encontrará à venda lucivelos e casteletes. Se alguém pedir tais coisas nas lojas, será confundido com algum ludâmbulo grego que, por engano, embarcou (epa!) no avião que trouxe nossos atletas das olimpíadas, onde o ludopédio feminino arrasou as adversárias gregas, conforme proclamam reclames e alvissareiros.

P.S.: Frases de um técnico brasileiro em Atenas: "Dançamos, o bicho vai pegar". O tradutor ficou em silêncio.

Insultos divertidos

O brasileiro é debochado, irônico. Adora um escracho. Temos o costume de utilizar a gozação para exorcizar grandes desgraças. É raro que o figurino dramático nos caia bem. Nativo do Brasil meridional, testemunhei muitas vezes o riso catártico, quase político, purgando a tragédia. As enchentes de Santa Catarina são pródigas em cenas de calamidade pública. Certa vez, assisti a uma entrevista de um senhor cuja casa era levada pela força das águas. A televisão transmitia ao vivo. E a repórter, com aquela obviedade atroz, habitual em muitos telejornalistas, perguntou: "é sua casa que ali vai, né?" No Sul, é mais frequente a contração de "não é" em "né". E o entrevistado, rindo: "era". E a moça: "deu para salvar alguma coisa?" O paciente entrevistado: "nada". "E a sua mulher, as crianças?" O homem, resignado, sempre rindo, apontou para a esposa e os filhos, encolhidos no barranco: "ali".

Numa coisa, porém, aquele brasileiro diferia do espírito nacional, que preza a exuberância vocabular. Era lacônico, palavra que veio do latim *laconicu*, breve, resumido, por sua vez procedente do grego *lakonikós*, onde tinha o mesmo significado. Os habitantes da Lacônia, região da Grécia, cuja capital era Esparta, ao contrário dos de Atenas, caracterizavam-se por seu desprezo à oratória, primando por extremados cuidados à forma física. Aquele náufrago, desconsolado e sorridente, era portador da síndrome que caracteriza o estilo enxuto de Dalton Trevisan, o famoso vampiro de Curitiba, contista que há décadas utiliza a ironia como arma, escrevendo narrativas cada vez mais curtas, principalmente em seus livros mais recentes.

Também os romanos criaram vocábulos curiosos a partir da observação da psicologia dos novos povos descobertos. Um bom exemplo é beócio, que procede do grego *boiótios*, pelo latim *boeotiu*, designando habitante da Beócia, província da Grécia antiga. Originalmente, *Boiotia*, o nome daquela região, significava "o país dos combatentes". Seus moradores, por usarem mais a força física do que as faculdades mentais, tinham fama de pouca inteligência. Por isso, beócio tornou-se sinônimo de ignorante, boçal, simplório, ingênuo. O poeta latino Horácio foi um dos primeiros a registrar a má fama daquele povo, ao escrever, repetindo os gregos, que os beócios eram curtos de inteligência. E assim o vocábulo entrou para a língua portuguesa como sinônimo de simplório.

Antigos franceses engrossaram o preconceito ao confundirem *béotien*, beócio, com *boce* (atualmente *bosse*), bócio, que virou sinônimo de *crétin*, cretino, povo que habitava região dos Alpes. Cretino passou a sinônimo de ignorante porque entre tais habitantes havia muitos com bócio, uma hipertrofia da glândula tireoide, conhecida cientificamente como tireomegalia e popularmente como papo. Em agosto de 1955, o famoso humorista gaúcho Aparício Torelly, o barão de Itararé, registrou em seu *Almanhaque*: "este mês, em dia que não conseguimos confirmar, no ano 453 a.C. (antes de Cristo) verificou-se terrível encontro entre os aguerridos exércitos da Beócia e de Creta. Segundo relatam as crônicas, venceram os cretinos, que até agora se encontram no governo". O barão encarnou como poucos a ironia brasileira.

Originalmente, a ironia, do grego *euróneia*, pelo latim *ironia*, indica modo de a pessoa expressar o contrário do que pensa ou sente. É figura de linguagem de uso recorrente em quase todos os grandes escritores. O filósofo Sócrates, grande professor da humanidade, que hoje não lecionaria em universidade nenhuma por falta de titulação e ausência de publicações, já que não deixou livro algum, utilizava a ironia como recurso pedagógico, levando o aluno a reconhecer a própria ignorância, coisa que está difícil de ser obtida hoje em dia por qualquer mestre. Já o escritor espanhol Jorge Semprún faz com que um personagem assim se dirija a um oponente: "companheiro, permita-me que lhe faça sua autocrítica!" Quanto ao nosso costume de tudo escrachar, lembremos que a própria origem do verbo é irônica. Veio do castelhano *escrachar*, revelar, que se formou na gíria policial. Escrachado era aquele que tinha retrato nas delegacias, passando depois a indicar indivíduo descuidado nos modos, no vestir ou no falar, desinteressado em ocultar o que quer que seja.

Frequentemente, porém, apelamos à agricultura para escrachar o próximo, de que é exemplo a famosa condenação *vá plantar batatas!* A origem desta frase é portuguesa. Antigamente, em Portugal, país mais voltado às navegações e à pesca, a agricultura, conquanto fornecedora de alimentos básicos, era vítima de certo desdém. Algumas de suas culturas eram ainda mais depreciadas, como era o caso da batata, que demorou a entrar para a culinária portuguesa e brasileira. Era tida como alimento vulgar e quem se dedicasse a plantar batatas estava se sujeitando a uma atividade desqualificada. A expressão aparece registrada em *O povo português*, obra do famoso poeta, folclorista e político lusitano Teófilo Braga, ao comentar a decadência das pequenas indústrias, ocasião em que trabalhadores qualificados, de repente sem emprego, foram aconselhados a plantar batatas.

Gostamos também de misturar alhos com bugalhos. Frase que sintetiza confusão, é de uso corrente na linguagem coloquial desde os tempos dos primeiros cultivos do alho. Com o sentido de coisas desconexas e trapalhadas, foi registrada por João Guimarães Rosa num de seus contos: “O senhor pode às vezes distinguir alhos de bugalhos, e tassalhos de borralhos, e vergalhos de chanfalhos, e mangalhos... Mas, e o vice-versa?”

Letras zen...sentido

Quem presidia a Câmara quando foi promulgada a Constituição de 1988 era o deputado Ulysses Guimarães, então já famoso pelo codinome político de dr. Ulysses. Cidadania era a marca principal da nova Carta.

Encantam-me as sutis complexidades da língua, o principal recurso do cidadão para exercer seus direitos, apoiado talvez até inconscientemente no provérbio que frequentemente aparece fugaz como um relâmpago no cotidiano: "Quem não chora, não mama". Mas é preciso chorar em português. E a escrita impõe-lhe vários atrapalhos, levando-o a pedir a metade do que precisa. As elites, quando o atendem, dão-lhe a metade do que solicitou. O prejuízo é de 75% em todas as solicitações que dão certo.

Excetuando-se a política, o dr. Ulysses não era doutor em nada. Era bacharel em Direito, como boa parte de seus colegas. Por que, entre tantos títulos importantes, precisava daquele que não tinha? Os atos do dr. Ulysses no varejo não são tão conhecidos como aqueles do atacado. Ninguém ignora que ele promulgou a Constituição de 1988. Mas certamente nem todos sabem que avalizou o primeiro contrato de Didi. Sim, o príncipe etíope, na bela metáfora de Nelson Rodrigues, maestro da gloriosa seleção que nos deu o primeiro campeonato mundial de futebol, em 1958, repetido em 1962, como se fosse uma sobremesa de raro gosto, recebeu ajuda do deputado em seus primeiros chutes. Os Evangelistas recomendam que, quando se trata de caridade, nossa mão esquerda não saiba o que faz a esquerda.

Outros narradores foram impiedosos no assunto. Fausto queixou-se de que, por mais que gastasse, não conseguia dilapidar tudo o que ganhara com a venda de sua alma. O comprador, o demônio Mefistófeles, pergunta se o vendedor experimentara a caridade. Há generosidade entre nossos políticos, mas é raro que a caridade seja feita às próprias expensas. Quase sempre é com o dinheiro público. Ulysses Guimarães não carregava escorpiões no bolso e deixou em São Paulo, no interior e na capital, suas bases políticas, exemplos de várias ajudas que não proclamou.

Dr. Ulysses nasceu em Rio Claro e morreu no mar escuro quando o helicóptero em que viajava foi tolhido por uma trovoada em viagem do Rio para São Paulo. Seu corpo jamais foi encontrado. Era o dia 12 de outubro de 1992. Ele estava com 76 anos. Pouco tempo antes declarara que na próxima vinda ao mundo já queria nascer casado com Dona Mora para economizar namoro e noivado. Misteriosos, porém, são certos desígnios. Marido e mulher, mesmo tendo morrido juntos no mesmo desastre, não foram enterrados juntos. Ela ficou em terra. Ele, no mar. Pouco antes de falecer, ele procurava alguns versos que tinha escrito na mocidade para candidatar-se a uma vaga na Academia Brasileira de Letras. Mas houve quem o amarrasse aos mastros da Câmara para não sucumbir ao canto da sereia literária que a tantos tem consolado.

Por que nossos políticos tratam-se uns aos outros como se fossem todos doutores? Nos EUA, autoridades muito mais importantes do que os sucessores do dr. Ulysses não se ofendem quando são tratados por "you" (você). No Brasil, senhor e doutor são às vezes ironias e reprimendas, a crianças e a adultos. Mais importante do que ser letrado ou doutor, é ser cidadão. Letrados e doutores estão devendo muitas ajudas nesse campo.

Língua portuguesa, o latim do Brasil

Toda semana o Brasil tinha uma polêmica. E chegara a vez do inglês, cujo exame não era mais eliminatório no Itamaraty. Havia prós e contras na decisão, mas a imprensa insistiu e deformou a questão. Resumindo os recortes, ficou-se com a impressão de que o Itamaraty proibiu o inglês!

Ninguém destacou um viés da fala do ministro Celso Amorim, que presidiu a Embrafilme na década de 1970, dando conta de que outras línguas estão sendo valorizadas. Ele declarou em francês e em espanhol que o inglês fora dispensado da obrigatoriedade. Como não puderam chamá-lo de ignorante, perderam o caminho mais fácil da satanização. Imaginemos que tivesse sido o então presidente Lula a fazer a declaração! "Não sabe nem português!", teria sido o mínimo.

A questão das línguas é central em qualquer cultura. O inglês é o latim do mundo. Se a pessoa não sabe inglês, mas domina o francês, o alemão ou o espanhol, entre outras línguas europeias, ainda consegue sobreviver, estudar, viajar e negociar.

Mas se sabe apenas o português, sentirá na carne as desgraças que afligem um analfabeto. No mundo não entenderá nada, ou muito pouco! Os norte-americanos conhecem bem a situação, pois mesmo seus diplomatas, para o ingresso no ofício, estão dispensados de saber outra língua além do inglês. Como são os donos do mundo, ninguém os critica.

Já no Brasil é fácil de bater. Quem bateu primeiro foram, como sempre ocorre, os próprios brasileiros. Gostamos muito de praticar o esporte nacional de falar mal de nós mesmos. Nos EUA, onde um espírito prático usualmente rege as coisas, para o Bem ou para o Mal, a imprensa nem sequer deu destaque à declaração do ministro Celso Amorim, aqui no Brasil tão polêmica. Conversando com um norte-americano que vive no Brasil, ele me disse num português, divertido pelo sotaque, mas perfeitamente entendível, "depois eles aprendem, não proibiram estudar inglês".

Mandarim, árabe, hindu, a maioria da Humanidade fala essas línguas ou ramos dessas línguas. Chineses, árabes e hindus representam mais da metade da população da Terra, atualmente calculada em seis bilhões. Uma boa forma de evitar o desemprego é estudar uma dessas línguas. Evidentemente você não estuda uma língua apenas para obter um trabalho. Quem estuda latim e grego desde os verdes anos faz isso por gosto, para melhor entender o português, para melhor ensiná-lo, por paixão e por outros motivos, alguns dos quais difíceis de serem externados, pois o inconsciente reina soberano em muitas razões de nossos atos. O ser humano que vemos e com o qual convivemos é como se fosse um *iceberg*, do qual só vemos o cocoruto. Para onde vai, o que fará nos próximos anos, às vezes nem ele mesmo sabe. Matérias extensas e poderosas, acomodadas e unidas num fundo misterioso, é que lhe determinam a direção.

Não vi nenhum ato xenófobo no ato do ministro. Ao contrário, vai democratizar o acesso. E é isso que está sendo combatido. O problema no Brasil é outro. Quem ensina está mal remunerado, as escolas estão decadentes, principalmente as públicas, o sistema de administração é ultrapassado e ineficiente, e os governos, quase todos eles, investem pouco e mal em educação e cultura.

Em muitos municípios, onde começam a cidadania e os primeiros passos rumo à integração na Galáxia Gutenberg, educação e cultura não recebem os cuidados que deveriam merecer, sejam os prefeitos cultos ou incultos, porque esta, aliás, não é a questão. O problema não é ignorar o inglês. O problema central é ignorar o português. Basta rápida olhada em documentos públicos, cartazes, receitas médicas, petições de advogados, sentenças de juízes, livros, colunas de renomados cronistas, para avaliar o quanto o Brasil despreza a língua nacional!

Se exigíssemos que todas as autoridades, de qualquer instância, passassem por exames eliminatórios de português, quantos cargos ficariam vagos? Pensando bem, não é uma boa ideia? Quem escreve bem é porque sabe pensar. E quem não sabe escrever ou tropeça na língua, salvo razões especiais, é porque antes tropeçou na própria cabeça. O conhecimento de uma língua não é apenas técnico. Uma coisa é você aprender inglês para viajar e pedir um sanduíche. Outra, bem diferente, é ler e entender um verso de Shakespeare. Ou as graves reflexões de reis e príncipes em suas peças!

Claude Hagège, do College de France, autor de livros fundamentais como *A estrutura das línguas* e *A criança de duas línguas*, em entrevista à escritora Betty Milan para a *Folha de S. Paulo*, depois coligida em *O Século* (Editora Record), declarou: "*o aprendizado do espanhol é mais importante para um brasileiro do que o do inglês, língua de um povo bem mais distante. A americanização dos brasileiros é um insulto à latinidade*".

Há um tema polêmico sobre o qual há poucas pautas na imprensa brasileira, ainda que nos cadernos culturais especializados: o papel devastador do inglês sobre as outras línguas.

Não se trata de questões inevitáveis, como a dos neologismos, que enriquecem as línguas que os acolhem, desde que não mandem na casa onde chegaram como visitantes. É a opressão que, por razões de comércio, o inglês exerce sobre outras línguas. Também o francês, o mandarim, o alemão, o russo e o árabe, em menos escala, fazem coisa semelhante. Ao expandir seus domínios, essas línguas acabam por cumprir função arrasadora sobre todas as outras línguas da humanidade, calculadas em torno de seis mil, a maioria delas sem defesa diante de tais invasões.

O Brasil precisa cuidar melhor do português, mas nossa imprensa não parece ter a devida sensibilidade para o tema.

Livro de Jó, exemplo de redação

"De onde se tira a sabedoria? Ela não está entre nós. Onde está a inteligência?". Alunos de Comunicação Social da Universidade Estácio de Sá escreveram no convite de formatura esses versículos bíblicos. Movido por sua escolha, muitos leram ou releram o Livro de Jó, um dos mais belos textos da literatura mundial.

"Ele vivia na terra de Hus", na atual Palestina, era pai de três filhas e sete filhos. Era o mais rico dos homens. Tinha sete mil ovelhas, três mil camelos, quinhentas juntas de bois e quinhentas jumentas. Era também latifundiário e senhor de numerosos escravos, mas naquelas antiguidades bíblicas as referências de um homem de bem eram outras.

Seus filhos e fillhas faziam rodízio de banquetes, comendo e bebendo muito. O pai, homem incorruptível e temente a Deus, não cuidava apenas de sua honestidade, mas também da dos filhos. Preocupado, oferecia sacrifícios para purgar eventuais pecados: "quem sabe se meus filhos não pecaram?".

É exemplo de narração bem tecida o Livro de Jó. A situação inicial é de perfeito equilíbrio. O desequilíbrio é proposto por Satanás num diálogo com Deus, que lhe pergunta: "De onde vens?". E ouve em resposta: "Acabei de dar uma volta pela terra inteira". Deus, usando sempre a segunda pessoa do singular, o que denota linguagem coloquial, pois não está, solene e durão, como é seu costume quando repreende o Demônio, faz a segunda pergunta amistosa: "reparaste no meu servo Jó? Não há outro igual sobre a terra: incorruptível, justo, temente a Deus, alheio ao mal!".

Satanás, cujo significado em hebraico é caluniador, diz que Jó é um interesseiro: com a vida que tem, é fácil amar a Deus. E na segunda pessoa do plural, em sinal de solene e artificioso respeito, como faz em geral quem a utiliza, sugere: "Tocai nos seus bens para ver de que ele será capaz".

Deus aceita o desafio: "tudo o que ele tem, está à tua disposição, só não toques na sua pessoa".

Satanás sai dali e dá início à guerra contra o indefeso Jó, que perde tudo: não apenas todos os bens, mas também todos os filhos e filhas, que morrem soterrados quando estão num dos costumeiros banquetes.

Deus volta a jactar-se de Jó, que continua íntegro depois de tantas perdas. Mas Satanás replica: "cada um dá tudo o que tem para salvar a própria pele". E recebe autorização para fazê-lo sofrer mais: "Jó está à tua disposição, mas poupa-lhe a vida".

Então, leproso dos pés à cabeça, é expulso da casa pela mulher.

A seguir, três amigos vêm para consolá-lo: Elifaz, Baldad e Sofar. Seria melhor enfrentar inimigos, pois eles, por unanimidade, condenam o amigo: ele deve ter pecado muito para ser afligido por desgraças descomunais.

Entra em cena, porém, um quarto amigo, Eliú, até então oculto, que dá outra explicação: Deus assim procede para aperfeiçoar Jó.

No fechamento, onde está o significado, Deus, que já dera vários exemplos poéticos da incapacidade de o homem entender os desígnios divinos, repreende os amigos de Jó, menos Eliú, e restitui em dobro os antigos bens, dando-lhe também outros sete filhos e três filhas.

"Depois disso, Jó viveu 140 anos, viu filhos e netos de quatro gerações e morreu farto de anos".

Textos bíblicos são excelente material bibliográfico para ensinar redação. Ensinar a escrever é ensinar a pensar. Para isso, o principal requisito é ler.

Lynch, o inventor do linchamento

Em fins do século XVIII, nos EUA, o fazendeiro William Lynch privatiza a Justiça em Pittsylvania, na Virgínia. Com o apoio dos vizinhos, executa criminosos apanhados em flagrante.

No século seguinte, já dá nome à Lei de Lynch e ao verbo "to lynch", executar sumariamente, sem julgamento regular, por decisão coletiva, criminosos ou suspeitos de crimes graves.

Em 1899, Cândido de Figueiredo registra em seu *Novo Dicionário da Língua Portuguesa* o verbo linchar e o substantivo linchamento.

Também o francês importou as novas palavras, adaptando-as para "lyncher" e "lynchage". O italiano fez o mesmo, mas livrou-se do "y": "linciare" (linchar) e "linciaggio" (linchamento). O espanhol acolheu como "linchar" e "linchamiento". Também o alemão recebeu "lynch" na sala de visitas, obrigando-o, porém, a apresentar-se como o verbo "lynchen".

A língua portuguesa, à semelhança de outras, está repleta de palavras que foram antes nomes de pessoas. A pesquisa indica o contexto histórico que levou à criação, à transformação ou à mudança radical de significados.

Outras vezes, as pessoas criam coletivamente palavra ou frase, sem que seus nomes apareçam. "Acabar em pizza", como vimos em coluna anterior, é expressão que nasceu quando descendentes de imigrantes italianos, torcedores do

Palmeiras, resolviam conflitos em pizzarias, celebrando reatamentos de amizades melindradas por desaforos. Depois dessas últimas CPIs, porém, é provável que a expressão mude de significado.

Outras vezes, não podendo ser levado para casa, nem para o foro ou para o fórum, o desaforo é resolvido com xingamentos, tapas, chutes, empurrões, todos esses gestos deploráveis reunidos na expressão "desforço físico".

Antenor Nascentes explica que desaforar designou inicialmente o ato violento que privava de foro a pessoa que o tinha e, mais tarde, ato contrário aos bons costumes. Sob o Marquês de Pombal, até juízes foram esbofeteados em praça pública, perto do fórum.

Outra palavra de origem curiosa é pasquim. Depois de designar panfleto injurioso, difamador ou apenas divertido, deu nome ao projeto jornalístico inovador dos criadores do semanário que passou à História da Imprensa como O *Pasquim*.

Logo no primeiro número (26 de junho de 1969), os fundadores, em terceira pessoa, diziam-se "jornalistas geniais". "Como os donos dos jornais não reconhecessem tal fato em termos financeiros, resolveram ser empresários".

Foi um alfaiate italiano chamado Pasquino quem deu origem aos pasquins, no século XVI. Ele morava perto de estátuas de mármore, erguidas em Roma em homenagem a heróis gregos como Aquiles e Menelau.

Não apenas ele, mas outros inconformados com o poder, principalmente dos papas e da Cúria Romana, escreviam libelos em prosa e verso para criticá-los, afixando-os nas estátuas para serem lidos por todos. O cartaz recebeu o nome de "Pasquino", em italiano; "pasquin", em francês, e por fim pasquim em português, já designando jornal satírico.

Outras palavras mudam ou ampliam os significados. O verbo grego "stéllo", equipar-se para uma viagem, está presente em sístole e diástole, termos médicos que designam a ida e a volta do sangue no organismo, feitas por ordem do coração, depois utilizadas para determinar também movimentos políticos de abertura e fechamento de regimes.

Malmequer é junto, bem-me-quer é separado

"Recém-chegados anteontem, os mal-afamados fora-da-lei contra-atacam a sangue frio. Palavras compostas são um problema para quem almeja uma ortografia correta". Assim é apresentado o livro *Palavras Compostas: manual de consulta e auto-aprendizagem*, de Maria Tereza de Queiroz Piacentini.

"*Sede como Machado de Assis, que perfumava os vândalos que o feriam*", recomendou em versos assim bonitos o poeta Eduardo Hoffmann, fazendo trocadilho com sândalo e vândalo.

Os vândalos que assolam a língua portuguesa escrevem de qualquer jeito. Já prestaram atenção nos cardápios? Se já erram em português, que dirá em francês, a língua predominante na designação dos pratos por motivos óbvios.

Entre o malmequer e o bem-me-quer, ambos designando plantas da família das compostas, faz-se a metáfora. Abertas as urnas, exalou o aroma do ungido, que escreverá torto por linhas certas ou certo por linhas tortas, como tantas vezes já aconteceu na História do Brasil. Como os candidatos mais falaram do que escreveram, não soubemos se conheciam e sabiam usar o hífen.

Até o cantor e compositor Caetano Veloso, em letras de fina estampa, repetiu Fernando Pessoa e tascou: "navegar *é preciso, viver não é preciso.*

Caetano Veloso não tem obrigação de saber, mas a frase é de Pompeu, general romano que proferiu estas frases em latim, ao convidar os marinheiros a zarpar com navios cheios de trigo, embora o mau tempo os ameaçasse, pois havia fome em Roma: "*navigare necesse est, vivere non necesse est*".

Quer dizer, assim a posteridade nos legou, mas o general provavelmente adaptou ao latim coloquial frases gregas! De todo modo, no Brasil só se pode praticar a cidadania em Português, o idioma oficial, vítima de maus-tratos até do poder público, useiro e vezeiro em transgredir suas normas.

Eis outros exemplos que a autora apresenta: Abre-alas: "*Após a conquista do penta, a alegria invadiu a área onde estavam os jornalistas e fez a apoteose no hotel, sempre com Ronaldinho Gaúcho e Denílson como abre-alas*".

Acordo-chave: "*O acordo-chave sobre o pagamento de subsídios agrícolas para os novos membros será firmado em novembro*". Aeroporto-hotel: "*Para a segunda fase existe um pacote de 18 noites, incluindo passagem, hospedagem, traslados (aeroporto - hotel) e transporte para os estádios*". Afro-americana: "*A dança com batuque é de tradição afro-americana*". Alto-falantes: "*A música ecoava pelos diversos alto-falantes espalhados no arraial*".

O hífen, que tem acento, complica a vida da gente! E por isso recomendo que procurem livros de Maria Tereza de Queiroz Piacentini. Ou então procurem sua página na Internet: www.linguabrasil.com.br

Metrossexual sem rodeios

O atual latim do império fez com que metrossexual, neologismo criado pelo escritor inglês Mark Simpson, fosse adotado por várias línguas, incluindo a portuguesa, para qualificar um tipo específico de homem, vaidoso de sua aparência.

O novo comportamento masculino surgiu na década de 1990, quando os homens também passaram a cuidar da fachada, antes uma exclusividade feminina. Até então eram privilegiados outros quesitos masculinos: a juventude, a força física, a estatura, o sucesso profissional visto sob o ângulo de propriedades e saldos bancários e, em menor grau, a inteligência.

Valores como a delicadeza no trato e roupas bem cuidadas semelhavam coisas de mulher. Campinas, em São Paulo, e Pelotas, no Rio Grande do Sul, ganharam fama injusta e, por preconceito, receberam a pecha de "capitais da veadagem nacional" pelo esmero com que educaram seus filhos. Serviram de pretexto para insinuar homossexualidade a roupa e os modos polidos dos moços, então acusados de "veados", designação chula do discurso machista.

O metrossexual mora nas grandes cidades. Poderíamos ter um metrossexual rural? Na verdade, já o temos, desde a década passada. É o "*agrobói*" que, em companhia da "*agrogirl*", abre seu sorriso exportador, indicador do sucesso do agronegócio. Mas ele não mora em metrópoles. Os centros de difusão, se o registraram, não o acolheram. Além do mais, veste-se com outros cuidados, frequenta rodeios e não boates.

Lojas, clubes, academias de ginástica e cabeleireiros, importantes na construção das mitologias e lendas urbanas, apesar de existirem também em médias e pequenas cidades, não têm ali a propulsão necessária à construção de modelos.

A figura emblemática de metrossexual é o jogador inglês David Beckham. Não é um Pelé ou um Maradona, mas é um craque mundial. Cuida dos cabelos, da pele, das unhas, das roupas, dos sapatos, numa palavra, da aparência. Seus ternos, camisas e gravatas são observados com o intuito da imitação. Antes dele, talvez o primeiro metrossexual tenha sido o catarinense Falcão que, entretanto, não estava mais na ribalta quando o termo surgiu.

Vejamos como uma nova palavra ganha o mundo. Em primeiro lugar, é indispensável que seja proferida ou registrada num dos latins do império, de preferência o inglês. Neologismos chineses, árabes, hindus e russos, por exemplo, apesar de falados por bilhões de pessoas, não são acolhidos, a menos que uma língua franca na Galáxia Gutenberg os recolha e adote. Nesta função, é indispensável o papel da imprensa, da música ou do cinema. Se as instâncias de adoção forem outras, a tarefa de disseminação caberá exclusivamente à imprensa. Assim, metrossexual, palavra surgida em 2002, teve como berço a revista eletrônica "*Salon.com*", em que Mark Simpson delineou o perfil de David Beckham, apresentando-o como o primeiro caso de metrossexual.

O escritor inglês, como todos os que fazem da palavra sua ferramenta de trabalho, não descuidou, consciente ou inconscientemente, da etimologia. Com a habitual obsessão da linguagem coloquial por tudo simplificar, "*metropolitan*" foi reduzido a "*metro*" apenas. E "*sexual*" teve o "s" inicial duplicado porque em português, não fosse tal providência, teria som de "z".

Embutido no significado vem, porém, o que não é dito, o conjunto de preconceitos. O metrossexual é aferido por oposições: é homem e não mulher ou guei; jovem e não velho; rico e não pobre; bonito e não feio. A beleza tem padrões. Os primeiros instrumentos para aferi-la são a fita métrica e a balança. E depois, como sempre, as palavras. Por isso, em antigos concursos de miss, era recomendado que as candidatas abrissem a boca apenas para sorrir. Prevaleciam misses emudecidas a bem da etiqueta.

Ministros e tribunais

Ministro pode ser apenas o da eucaristia. Não temos ministro da paz. Todavia já tivemos ministro da guerra. Temos ministro da defesa e não nos faz falta ministro de ataque. Secretário, nos EUA, seria ministro aqui. Governador foi originalmente piloto de embarcação. Senador não poderia ser jovem.

Ao longo do tempo estas palavras sofreram sutis variações. A Casa Civil e a Casa Militar foram reduzidas a Gabinetes. O respectivo chefe tornou-se ministro-chefe e depois apenas ministro. E a ascensão feminina a esses cargos forçou a língua ao feminino de novas palavras.

Quando lemos que "o presidente Lula afastou o ministro José Dirceu" e que "o ministro Carlos Veloso, seu conterrâneo, estendeu-lhe os benefícios da liminar concedida a outros seis petistas, trancando o processo por quebra de decoro parlamentar", alguns esclarecimentos tornam-se indispensáveis. Decoro pode ser enfeite apenas. Liminar já foi somente a soleira da porta. E trancar é fechar, impedir, interromper.

Outro exemplo, extraído de recente coluna que publiquei no *Jornal do Brasil*: "Março de 1961. Perdeu-se a data, mas é segunda-feira. São 6h45 da manhã. Jânio Quadros chama seu ministro Roberto Campos: "o povo não gosta de amar. O povo gosta de odiar. Onde estão os inimigos?".

Giulio Sanmartini, que lê o *Jornal do Brasil* na Itália, escreveu ao colunista para dizer que Roberto Campos não foi ministro de Jânio. Itália (de onde veio a carta), Santa Catarina (onde nasci) e o Rio de Janeiro (onde moro) devem espelhar-se em Minas Gerais para tratar de eventuais discordâncias.

Os mineiros nos ensinam a delicadeza, pois até nos assassinatos matam de tocaia, que é para não assustar a vítima, como escreveu um deles. E meu leitor é um daqueles intelectuais – infelizmente, raríssimos – que cultivam o gosto da controvérsia, sempre tão fértil quando feita com boa educação, como ele a faz sempre.

Assim como o "assessor" Marco Aurélio Garcia cumpre funções muito semelhantes às do "ministro" Celso Amorim, alguns autores dizem ter sido o ex-seminarista Roberto Campos o principal "assessor" do presidente no governo Jânio Quadros. Outros dizem ter sido "ministro plenipotenciário" para as negociações da dívida externa. Mais do que seminarista, pois tornou-se frade, Frei Betto, "assessor" do presidente Lula, não foi seu "ministro".

Ainda Giulio Sanmartini: "Quando se lê "Jânio Quadros chama SEU ministro Roberto Campos...", o possessivo pode levar o leitor a entender que Roberto Campos era ministro de estado, isto é, tinha um cargo pertencente ao presidente da República, quando na realidade o seu título de ministro era o correspondente a embaixador".

Há sutilezas também na denominação de nossos tribunais: Tribunal Superior Eleitoral (TSE), Superior Tribunal de Justiça (STJ) e Supremo Tribunal Federal (STF), sem contar o Tribunal Superior de Trabalho (TST), o Tribunal de Justiça Desportiva (TJD) e similares regionais. Supremo, porém, temos apenas um!

Modos de dizer

As moças proclamavam com inocência: "nós somos as cantoras do rádio/ levamos a vida a cantar,/ de noite embalamos teu sono,/ de manhã nós vamos te acordar".

Naquele tempo, a boca da noite e a aurora chegavam acompanhadas de novas auroras: Aurora Miranda, que cantava em dupla com a irmã famosa, Carmen Miranda, e aquela outra, celebrada por Casimiro de Abreu no século anterior: "ai que saudades que eu tenho/ da aurora da minha vida,/ da minha infância querida,/ que os anos não trazem mais".

O rádio irrompera na década de 1920 e padronizava usos e costumes, bem antes da televisão, que depois os globalizaria. Vivíamos os anos 30, que desarrumariam a vida nacional com três revoluções, seguidas de um golpe de Estado e de uma guerra mundial!

É verdade que, mais uma vez – no princípio era o verbo, no meio e no fim também será – as palavras temperavam os modos de dizer: o movimento liderado por Getúlio Vargas foi denominado Revolução de 30; o dos paulistas, Revolução Constitucionalista de 32; o de 1937 recebeu o nome de golpe. Já o de 1935, dos comunistas, foi rebaixado a Intentona, palavra de origem espanhola, até então quase desconhecida dos brasileiros.

Intentona tem, nos dicionários, o significado de coisa insensata; golpe e revolução, não. Todos esses movimentos foram revoluções, pois apregoavam mudanças profundas. A raiz de revolução e palavras conexas é o latim "*revolutione*", (pronuncia-se "revolucione"), declinação de "*revolutio*", passagem de um estado a outro, tendo também o significado de voltar, rodar.

Se as cantoras do rádio, durante décadas, disseminaram sensualidades difusas, as cantoras da televisão, meio que alcança a hegemonia na década de 1970, escancararam outros significados, abrindo a boca e os braços na telinha, fazendo do corpo um outro modo de dizer o que estavam cantando.

As novas musas, cantando e dançando, passaram a apregoar o desejo na televisão, sem nenhum eufemismo, de que são exemplos esses versos de Rita Lee: "me aqueça,/ me vira de ponta cabeça,/ me faz de gato e sapato/ me deixa de quatro no ato,/ me enche de amor, de amor".

Na norma culta da língua portuguesa, se é "aqueça", então deveria ser "vire", "faça", "deixe", "encha". É que "você" é forma de tratamento de terceira pessoa, mas funciona como se fosse de segunda.

Rita Lee alcançou a beleza da rima pretendida: "aqueça" com "cabeça". A norma gramatical, como em tantas outras vezes, cedeu à poesia.

E novos modos de dizer ganharam a fala das ruas por influência, primeiramente do rádio, e depois da televisão, que teve hegemonia nesse processo, mas hoje talvez já tenha sido superada *streaming*, estrangeirismo que designa a transmissão contínua em distribuição digital de conteúdo multimídia pela Internet.

Nababos, marajás e nepotistas

Foram cardeais que, ao se tornarem papas, disseminaram a palavra nepotismo em várias línguas, ao levarem parentes, especialmente sobrinhos, para trabalhar no Vaticano, utilizando de quebra um jeitinho de amenizar os rigores do celibato, como insinuou, entre discretos risos de seus pares, um deputado federal, semana passada, durante a discussão do tema e do problema na Câmara.

Até as denúncias no Brasil têm um caráter solene e para que obtenham a atenção do distinto público os denunciantes inventam novas palavras ou ressuscitam outras quase em desuso. Antes foram os nababos, depois vieram os marajás e agora ressurgiram os nepotistas.

O mal é o mesmo de sempre: o *dolce far niente* (doce fazer nada) à sombra do Estado que, sem a elegância da expressão italiana, é conhecido entre nós por empreguismo.

Nepotismo veio do francês *népotisme*, mas sua origem remota é o latim *nepote*, declinação de *nepos*, sobrinho. Ainda no latim, o vocábulo era aplicado também a outros parentes, como netos e primos.

O problema não é ser parente, o problema é não trabalhar. O nepotismo não teria recebido a tremenda carga pejorativa que acumulou ao longo do séculos, se todos os parentes trabalhassem. À sombra do poder, os nepotistas passaram a viver como nababos, do árabe *nawwab*, plural de *nãOb*, espécie de vice-rei, nomeado pelo grão-mogol, que estiveram no poder na Índia entre os séculos XVI e XIX.

Em 1877, por ocasião da publicação da peça O *Nababo*, do escritor francês Alphonse Daudet, o vocábulo já era popular na Europa.

Foi também da Índia que nos chegou marajá, do sânscrito *maha-rajá*, grande rei. No Brasil, marajá passou a indicar aqueles funcionários públicos que através de trambiques e contorcionismos legais, mas ilegítimos, passaram a aumentar seus próprios salários e ganhos indiretos em quantias escandalosas.

Contra eles investiu o então candidato à Presidência da República, Fernando Affonso Collor de Mello, fazendo das denúncias uma das principais peças de sua campanha. Uma vez no poder, pouco pôde fazer contra aqueles que tanto delatara. Os marajás haviam sido chocados e descascados em um ninho estarrecedor: instâncias do próprio Poder Judiciário.

Em nome do trato justo e da conversa clara, convém lembrar que a preguiça também, não exclusivamente o trabalho, faz avançar a civilização. Diversos escritores brasileiros foram grandes preguiçosos, beneficiários de práticas nepotistas e assemelhadas. O presidente Getúlio Vargas inventou um estratagema curioso para cooptar intelectuais, empregados como fiscais do consumo. Alguns não fiscalizaram sequer o consumo de álcool entre eles.

Nossos parlamentares, contrariando declarações e práticas do presidente da Câmara, Severino Cavalcanti, formularam o problema de outro modo e apresentarem seis emendas à Constituição para combater o nepotismo, que entretanto recebeu uma variante neológica: "é preciso acabar com o *nepetismo*", disse um. Outro relatou ter recomendado a um amigo uma namorada petista: "Já vem empregada!". E empregar cunhados, pode? Cunhado não é parente! Um deputado foi adiante: e amante é? Bastou para outro invocar insólito álibi: fotos de esposa e filhos na carteira.

Essas denúncias periódicas e suas fingidas tomadas de providência logo encontram o famoso jeitinho brasileiro de seguir à risca o preceito de Tomasi di Lampedusa em *O Leopardo*: "se queremos que tudo permaneça como está, é preciso que tudo mude".

Nada disso nos diria respeito se o alto clero, reunido em Roma, e o baixo clero, pontificando na Câmara, não interferissem tanto em nossa vida, a começar pelos novos significados que dão às palavras.

Nas telas e telinhas, outro português

As frases do general Pompeu – navegar é preciso, viver não é preciso – atribuídas também a Fernando Pessoa e a Caetano Veloso, conforme a cultura de quem as cita, resumem a situação de milhões de pessoas que trocaram a rua pela casa, onde passam, não a maior parte do tempo, mas todo o tempo.

Não são apenas os jovens que estão conquistando a Internet, mas eles parecem hegemônicos na rede mundial, invento tecnológico concebido para o caso de uma guerra nuclear, então uma ameaça ainda mais aterradora do que podemos supor.

Os jovens internautas criaram uma variante para a língua portuguesa, vale dizer, uma gíria eletrônica. Netos de Woodstock e de Maio de 1968, raramente recebem um não! Para muitos deles, ultimamente apenas a polícia tem dito não. Muito reprimidos, seus pais e avós terão fracassado na tarefa de lhes impor limites? Ou há alguma lei em vigor obrigando pais e avós a obedecerem a filhos e netos, a aceitar terríveis prescrições de telas e telinhas?

À Internet veio somar-se o telefone celular, que, como sabemos, ainda é usado também para falar, mas essa função primordial foi rebaixada: celular é para tirar fotos, gravar mensagens e, principalmente, enviar torpedos. Em resumo, nunca as pessoas escreveram tanto!

Surgiu, porém, um problema. O carro estava diante dos bois. Os pequenos burgueses tinham Internet e celular, mas não dominavam a língua escrita. E por isso criaram a deles. Nada espantoso. Outros usuários também não dominam a norma culta e criam suas gírias, circunscritas a tribos definidas por idade, interesses difusos, classe social, geografia urbana etc.

As legendas de filmes introduzidas recentemente na rede Telecine, nas tevês a cabo Net e Sky, presentes no Cyber Movie, são escritas na mesma pobreza vocabular e desarrumação comum aos ágrafos que se beneficiaram das novas tecnologias. Hordas de usuários eletrônicos dispensaram o livro e pularam diretamente de uma rústica alfabetização para a rede mundial e para o celular.

Não bastasse o conceito equivocado do novo idioma, perguntemos: o que se economiza com o internetês? A economia é a regra básica da elegância. Movidos por ideais de beleza e saúde, os jovens vivem fazendo regime. E, além do mais, o IBGE mostrou que a obesidade e não a fome é o grande problema. No português da Internet pode estar acontecendo coisa semelhante.

O que se ganha com a substituição de "não é brincadeira" por "Ñ eh brincadeira"?, "De jeito nenhum" por "Djeito nenhum"?, "Não vou correr com vocês" por "Ñ vou correr c/ vcs?"? O glossário mínimo do novo idioma abrevia hora com "hr". Mas por quê, se já temos "h"? "Onde" virou "ond". "Novidade" virou "9idade".

A norma culta da língua portuguesa não tem mais quem a defenda nem em legendas de filmes na televisão! A confusão é geral. E a escola deu, por atos, palavras e omissões, grande contribuição ao atual descalabro de que o idioma cibernético é um dos mais óbvios sintomas.

Demos telefones celulares também aos pobres, que podem comprá-los bem baratinhos e em suaves prestações no crediário. Não lhes demos o direito de comprar livros com tamanhas facilidades. Fosse a educação devidamente valorizada, o idioma cibernético teria outra configuração.

É quase uma irresponsabilidade tratar de assunto tão complexo em tão poucas linhas. Mas o contexto é este: os sem-terra e os sem-livro habitam o mesmo Brasil.

Fora da Galáxia Gutenberg, todo mundo será marginal e como tal será tratado. Assim como a gíria não livra os jovens dos seculares males sociais, o idioma cibernético não os livrará da marginalidade em que vivem, da falsa cultura em que se movem, da pobreza vocabular que os leva a esses terríveis insucessos numa simples redação de vestibular.

Nem que a vaca tossisse

O prazo fixado para requisição de compra maciça de material de consumo era improrrogável. Os quesitos exigidos na exposição das justificativas deveriam ser redigidos pelo autor da solicitação.

Havia mais. O total do dispêndio para a compra, sem licitação, do piche utilizado para recapear a calçada em frente à praça, onde estava o mais lindo chafariz do município, deveria ser analisado, item por item, até o dia seguinte, nem que a vaca tossisse.

A funcionária tropeçava nos empecilhos ortográficos. Foi quando recebeu por via eletrônica o aviso de que a universidade estava oferecendo um curso intitulado Português: Manuel de Primeiros Socorros. Foi a primeira a inscrever-se.

Na aula inaugural, o professor, depois de explicar que algumas normas ortográficas poderiam ser justificadas pela etimologia, pela pressão dos usuários da norma culta e pelo costume, disse uma coisa que a deixou estupefacta: "de outras, porém, ninguém sabe as razões, nem mesmo aqueles que as redigiram".

Muito prática, perguntou o que deveria fazer quando tropeçasse na ortografia. O professor fez-lhe duas recomendações: que instalasse em seu computador versão eletrônica de um bom dicionário de português e lesse cada vez mais. E ela deveria ler o quê? Livros, preferencialmente. Que compusesse sua dieta de leitura com obras de autores clássicos – como Antônio Vieira, Manuel Bernardes, Eça de Queiroz e Machado de Assis – e com autores modernos e contemporâneos – como Graciliano Ramos, Erico Verissimo e Rubem Fonseca.

"E mulher, mulher não entra?", perguntou uma aluna. "Não me venham com quotas", disse o professor, "por mais que façamos todas as concessões exigidas, o saber será sempre elitista no mundo inteiro em todos os tempos". E acrescentou: "sempre foi assim; quando o povo chega a um patamar dos saberes disponíveis, é evidente que os pesquisadores estarão em outro, muito mais avançado; na universidade, só é bobo quem quer; em outras instâncias, às vezes é compulsório, em vista de inevitáveis contaminações; como, aliás, ocorre agora no ensino fundamental, onde os professores são obrigados a aprovar todos os alunos, os que sabem e os que não sabem". Fez uma careta para concluir: "o Brasil despenca nas listas de avaliação do mundo inteiro; nossa juventude só ouve e vê, não lê nem escreve e quer aprender; assim não dá".

"O Brasil tem grandes escritoras", relembrou a moça. "E quais delas você já leu?", perguntou o professor. "Assim, de chofre, não lembro o nome de nenhuma". "Eu lembro. Mas leia os livros que elas escreveram, não porque sejam mulheres, mas porque escrevem bem. É o caso de Cecília Meireles, Rachel de Queiroz, Patrícia Galvão, Clarice Lispector, Lygia Fagundes Telles, Nélida Piñon".

O professor fez outra recomendação: "querem escrever melhor? Leiam jornais, revistas e comprem uma gramática para consultar sempre que necessário". A seguir, disse que algumas dicas heterodoxas podem ser úteis. Assim, se o piche é passado no chão, só pode ser com "ch". E que o chafariz, jorrando na praça, semelha a chuva, com a diferença de que em vez de cair, sobe. Chafariz, chuva, ambos com “ch”, como o “chuchu” que precisa de chuva para crescer, ainda que o Vocabulário Ortográfico da Língua Portuguesa aceite a forma “xuxu”, por pressão dos costumes e dos feirantes. Foi quando a menina das quotas informou, a propósito de exercício que requeria “x”, “z” ou “s”, que não encontrara “coxinha” nos dicionários, mas que naturalmente era com “x”, pois deriva de “coxa”.

Neologismos instáveis

A longínqua tsunâmi ainda fazia estragos quando já discutíamos se era *a* tisuname ou *o* tisuname. Para o português, semelhando gripe asiática, trouxe novas palavras anexadas ou "atachadas" em mensagens maliciosas e arquivos suspeitos. Será que precisamos de vacina e antivírus? A língua portuguesa pode sair enriquecida por numerosos vocábulos trazidos pela tisuname, mas é preciso tomar as devidas cautelas.

Devemos escrever "tisuname", "tsunami" ou "tisunami"? E o vocábulo recém-chegado é masculino ou feminino? Orientada por consultores especializados, ainda assim a imprensa vacilou, pois a matéria é controversa. O jornal *O Globo* oscilou entre masculino e feminino. Por fim, rendeu-se ao feminino. Mas a TV Globo, do mesmo grupo, preferiu "onda gigante".

O Estado de S. Paulo adotou o masculino, pois seu consultor utilizou como critério que está implícito ali um fenômeno e não uma onda. Quem adotou o feminino, considerou que está subentendido "onda".

O dicionário *Houaiss*, generoso na explicação etimológica, dá a origem: "tsunami" veio do japonês "tsu", porto, e "nami", onda. Mas para a esteira de palha de arroz, presente nas residências japonesas e utilizada nas lutas de caratê e de judô, o mesmo dicionário registra "tatame" e "tatâmi", ambos masculinos, advertindo que a segunda opção é menos usada.

Por que não "tisuname", então? Pela resposta de sempre: há muito de arbitrário nas formas fixas. E arbitrário no bom sentido: precisamos de árbitros, como no futebol. Foi falta, pênalti? Feliz ou infelizmente, as regras nem sempre são claras no terreno da língua, seja ela falada ou escrita.

São complexos os contextos que ensejam as novas designações. Para dar nome a personagens e coisas de um Novo Mundo, principalmente na era da velocidade requerida pelo senhor da informática, o computador, os criadores recorrem a metáforas médicas, policiais, militares, eclesiásticas, climáticas etc.

Lexicógrafos, linguistas, gramáticos e outros profissionais da língua vacilam na hora de registrar as novas realidades e delimitar-lhes, por exemplo, o exato sentido das novas palavras.

Os escritores vacilam menos porque, como os usuários da língua falada, têm poderoso recurso à mão para evitar ambiguidades e erros: o contexto. Outras vezes, como no caso da prosa de ficção e da poesia, é justamente a ambiguidade que procuram para melhor expressar o que sentem ou pensam.

Contudo, o médico que prescreve os remédios na receita precisa evitar a ambiguidade e ser entendido pelo balconista, que por sua vez nada entende de medicina e talvez pouco de farmácia, mas precisa saber português. Se errar a leitura do que o médico escreveu, entrega ao doente o veneno e não o remédio. O mesmo ocorre com os enfermeiros que recebem, por escrito, o nome da injeção a ser aplicada no paciente.

No Direito, dá-se coisa semelhante. Recentemente, um delegado soltou perigoso prisioneiro por não ter entendido a sentença. Leu-a como alvará de soltura. Era documento que mantinha o suspeito no cárcere.

Eis como aparece abonado o verbo "anexar" em dois dicionários. "Em 1809, Dom João VI anexou a Guiana Francesa aos domínios portugueses", diz o *Aurélio*. "Em 1938, Hitler anexou a Áustria à Alemanha", diz o *Houaiss*. Anexos costumam trazer problemas, embora um filósofo como Ludwig Vittgenstein tenha achado que o ato de Hitler não tinha importância.

As guerras estão presentes também nas palavras. O computador está substituindo o fuzil em várias situações, como a pena já foi mais eficiente do que a espada. "Atachar" e "anexar" são bons exemplos, como vimos. A raiz de "atachar" é a mesma de atacar. Quem ataca, "atacha" despojos do inimigo ou anexa as conquistas. Os dicionários ainda recusam "atachar".

Neologismos: nem patrões e nem padrões

O inglês, por força da vasta e complexa influência dos Estados Unidos em escala mundial, está cumprindo um papel semelhante àquele que coube ao latim há quase dez séculos. Mas se o português veio do latim, hoje o inglês, em muitos casos, não é visita, é invasor, pois entra em nossa casa sem ser convidado.

Com efeito, no alvorecer do segundo milênio, embora o latim ainda fosse a língua oficial em documentos que demandavam fé pública, tais como testamentos e escrituras de posse, um dialeto latino, que recebeu a denominação de galego-português, dava origem à língua portuguesa.

Bastante diferenciado do castelhano, origem do atual espanhol, o dialeto não contava com o mesmo prestígio da língua de padres, monjas e outros letrados de algum modo ligados à Igreja ou à Coroa. Assim, a dura língua dos palácios foi cedendo aos encantos das ruas, da fala popular, dos trovadores, das cantigas.

As navegações dos séculos XV e XVI consolidaram um projeto grandioso. Portugal enriqueceu sua língua ao levá-la a tão distantes lugares, em percurso assim resumido por Camões: "na quarta parte nova os campos ara,/ e, se mais mundo houvera, lá chegara". Quer dizer, a globalização portuguesa precedeu em muitos séculos a dos EUA. O que fez o português diante das novas línguas? Manteve sua independência. Aceitou as contribuições que o enriqueceram, mas não se submeteu aos neologismos.

O que faz hoje a língua do Brasil? Por vezes se descaracteriza diante da devastação processada, não pelas línguas que chegaram, mas pela avassaladora hegemonia do inglês. Assim, compreende-se a presença de palavras como bufão, pizza (do italiano), abajur, conhaque, plataforma (do francês), sabiá, perereca (tupi), espeto (alemão), azeitona (árabe), atabaque (persa) e motel (inglês), que, aliás, mudou de sentido no Brasil. Da aglutinação de *motorists's hotel*, hotel de motoristas, construído em geral à beira de estradas, passou a designar os hotéis de alta rotatividade e demais estabelecimentos que alugam quartos para encontros amorosos, aposentando o francês *garçonnière*.

Às vezes é o nome da pessoa que vem parar em nossa língua e passa a funcionar como substantivo, de que são exemplos holerite, brechó e gari. Holerite procede do nome do inventor da máquina para imprimir o contracheque, o engenheiro norte-americano Herman Hollerith. Deu-se o mesmo processo com brechó e gari, palavras que vieram de sobrenomes de pessoas. De Belchior, proprietário do primeiro brechó, e Gary, do sobrenome dos irmãos Luciano e Aleixo Gary, que venceram a concorrência pública para recolher o lixo do Rio, ainda nos tempos imperiais.

Mas por que razão adotar os desjeitosos *printar* (em vez de imprimir) *delivery* (em vez de entrega), *backup* ou *back up* (em vez de cópia de segurança, reserva, assistência) e *play off* (em vez de finais)? Na intenção de afiar nossa língua, alcançam o objetivo inverso, o de afear o idioma, conspurcando a reconhecida estética da “última flor do Lácio, inculta e bela”.

Por falar em final, o técnico Leão, do Santos, precisa melhorar também seu português e não apenas as táticas: "esse agradecimento da torcida vem de encontro (sic) ao nosso trabalho. Esperamos continuar sendo merecedores dos aplausos". No futebol, talvez. No português, não. O técnico disse o contrário do que pensou ter dito. Vir de encontro equivale a contrariar. Para merecer os aplausos, o agradecimento da torcida precisaria ter vindo ao encontro de seu trabalho.

No carro: com Volt, Ampère e Ohm

Os dicionários mais consultados do país não têm relê, mas o seu carro tem. A língua portuguesa foi buscar a palavra no francês "relais", do verbo "relayer", revezar, alternar, substituir.

Inicialmente foi aplicado aos cavalos que, fatigados, eram substituídos, principalmente em carroças e arados, por animais descansados, ensejando que os outros fossem alimentados, para depois voltarem ao trabalho novamente, no moto perpétuo que o homem lhes impôs com a domesticação.

Nossa língua acolheu o vocábulo como "relé", que está grafado "relê" no Dicionário do Carro, do carioca Bob Sharp, jornalista especializado em automóveis, ex-piloto de competição com vários títulos nacionais e regionais, a quem os lexicógrafos devem 1200 verbetes por ele reunidos, movido pela paixão do conhecimento, tempero que apresenta diferencial de qualidade em qualquer pesquisa. Fale, ou melhor, escreva Bob Sharp: "relê: dispositivo eletromecânico que, por meio de uma corrente de baixa intensidade (amperagem), efetua ligação elétrica de outra, de alta intensidade. Com isso, interruptores de bordo não precisam ser reforçados e volumosos".

Mas o que é amperagem? Designa intensidade de corrente elétrica, medida em amperes, plural de ampere, que o Aurélio ainda não acolheu, preferindo indexá-lo em sua versão francesa, "ampère". Em Portugal, desde 1929, foi adotada a forma "ampério", recusada pelo Brasil por uma daquelas razões que nos lembram o dito famoso de Bernard Shaw: "Inglaterra e Estados Unidos são dois países separados pela mesma língua", o que pode ser uma "boutade" divertida, mas desprovida de base. Alias, "boutade", sinônimo de dito espirituoso, de brincadeira verbal, deriva do verbo "bouter", empurrar. Toda a comunidade lusófona se entende muito bem em vários continentes.

Vejamos que curiosa a viagem das palavras. "Ampère", "volt" e "ohm", entre outras palavras, entraram para o francês em 1881, por ocasião de um congresso de eletricistas realizado naquele ano em Paris. Cientistas europeus estão na origem das três palavras: o francês André-Marie Ampère (1775-1836); o italiano Alessandro *Volta* (1745-1827) e o alemão Georg Simon Ohm (1789-1854). A eletricidade é nossa companheira inseparável, no carro e em casa. Explica Sharp: "um volt produz uma corrente elétrica de 1 ampère através de uma resistência de 1 ohm".

Não denominamos "volta", mas "volt", porque a palavra deu entrada pelo francês, que omitiu a vogal final. No carro, falamos de seis volts, doze volts, mas nas residências em 110 ou 220 volts.

Alessandro Volta, mudo até os sete anos, foi considerado deficiente mental. Na universidade onde ensinava, seus colegas achavam que ele era "pouco científico". Já tinha descoberto a pilha quando foi nomeado senador do reino da Itália por Napoleão Bonaparte. A Academia de Ciências da França recusou-se a condecorá-lo, alegando que o regulamento vetava premiações a estrangeiros. Não é de hoje... Napoleão revidou: acrescentou à medalha de ouro por reconhecimento intelectual um prêmio de seis mil francos.

O cientista, que morreu aos 82 anos, quis aposentar-se quando chegou à velhice, mas outra vez o imperador interveio: se estava cansado de ensinar, que desse apenas uma lição por ano, "pois os bons generais morrem no campo de batalha". Desde que não sejam presos e exilados numa ilha...

No Brasil atual, leis esdrúxulas teriam chutado o velho cientista para bem longe de qualquer campus. Mas seu nome está em presente em nossa vida cotidiana: em casa, nos meios de transporte, no trabalho. E no automóvel, o substituto do cavalo. Até a invenção do trem, no século XIX, o cavalo foi o meio de transporte mais rápido.

No lábaro estrelado, a mãe gentil

O jornalista tinha apenas 23 anos. O príncipe, 24. Os dois foram autores do Hino da Independência do Brasil, inspirada criação de Evaristo Ferreira da Veiga e Barros. A música é de autoria de ninguém menos que o próprio Dom Pedro I. Os primeiros versos dizem: "*já podeis da pátria, ó filhos,/ ver contente a mãe gentil/ já raiou a liberdade/ no horizonte do Brasil*".

Fiel à concepção da norma culta vigente no século XIX, o jornalista inseriu palavras rebuscadas nos versos que criou. Certamente é muito claro quando diz: "*Ou ficar a pátria livre/ ou morrer pelo Brasil!*" Mas em seguida surge o primeiro volteio sintático: "*os grilhões que nos forjava/ da perfídia astuto ardil/houve mão mais poderosa: zombou deles o Brasil*".

Será que a "brava gente brasileira", tão longe de escolas e palácios, podia entender sintaxe assim arrevesada?

"Perfídia" fica melhor como título de tango. "Astuto ardil" lembra chicanas jurídicas ou parlamentares, como as providências que são tomadas nos Parlamentos e no Judiciário para atravancar ações e pautas.

Mas certamente o povo entendia outros versos, vazados com clareza e simplicidade: "*Vossos peitos, vossos braços/ são muralhas do Brasil*". Neste trecho, o autor seguiu a lição de Montaigne: "*o estilo deve ter três virtudes: clareza, clareza, clareza*".

Já o Hino Nacional, letra de Osório Duque Estrada, música de Francisco Manoel da Silva, começa com toda a força, nos acordes e nas palavras. Mas para quem estranha que no Brasil alguns objetivos deveriam ser cumpridos com maior velocidade, lembremos que há alguns indícios marcantes de que não temos pressa, de que são exemplos os versos que proclamam com orgulho que o Brasil está "*deitado eternamente em berço esplêndido, ao som do mar e à luz do céu profundo*". Por isso, talvez, esteja demorando a acordar.

E a falta de pressa começou bem antes. Com efeito, as treze naus comandadas por Pedro Álvares Cabral partiram de Lisboa a 9 de março, segunda-feira, e chegaram ao Brasil dia 22 de abril, quarta-feira. Houve grande festa na partida, marcada para domingo, dia 8, mas o mau tempo impediu que zarpassem na data planejada. Foi nossa primeira prorrogação.

Nosso Hino Nacional segue proclamando, porém, que o Brasil, além de "*gigante pela própria natureza*", é também "*belo, forte e impávido colosso*". "Belo e forte", todos entendem. Mas "impávido colosso"? Joaquim Osório Duque Estrada, além de poeta, era professor e crítico literário. Talvez o duplo ofício explique vocabulário tão rebuscado.

Algumas palavras de nossa língua parecem esconder-se nos hinos. Pois somente ali aparecem. Os dois casos mais notórios são "lábaro" e "garrida". Lábaro é palavra que veio do assírio *labar*, vitória, sucesso, passando pelo latim *labarum*, estandarte, bandeira. E garrida procede de garrir, do latim *garrire*, tagalerar, badalar, alegrar-se.

No fundo, o Hino Nacional é fiel a nossos usos e costumes. E, claro, amamos a mãe gentil, ainda que as rimas com o adjetivo "gentil" sejam tão pobres. Varonil, juvenil, anil, mil, Brasil.

Antes elas, porém, do que o "temor servil". Afinal, ufanismos à parte, ninguém pode negar a grandeza e a importância de nossa pátria. E foi um jornalista que reconheceu, ainda no século XIX, que *"do universo entre as nações/ Resplandece a do Brasil"*. Era e é verdade.

Veio a República e coube a Medeiros e Albuquerque, da Academia Brasileira de Letras, redigir novo Hino para os novos tempos. Se algum examinador quiser complicar a vida de qualquer candidato num exame, é só pedir que explique o significado de "labéu" nos versos: *"este canto rebel que o passado/ vem remir dos mais torpes labéus"*. É melhor ficar com o lábaro estrelado da mãe gentil.

Nós e os bichos

"Boi, boi, boi/ boi da cara preta,/ pega esta criança/ que tem medo de careta". Fulano foi muito cavalo e deu vários coices durante a reunião, sem reconhecer que o colega tinha trabalhado como um boi. Quem lhe deu tantas tarefas, fez de conta que você é burro de carga. Descanse um pouquinho e vá brincar, cantando a famosa canção: "roda, cotia, de noite e de dia,/ o galo cantava, e a casa caía".

Mas evite a outra, malvada com um carinhoso animal de estimação: "Atirei um pau no gato (to, to; não é totó, que seria cachorro,/ mas o gato (to, to; idem, ibidem) não morreu (reu, reu; não é réu, é reu, eco, por isso não vai a juízo),/ Dona Chica (ca, ca; não junte, que vira o apelido Cacá),/ admirou-se (se; neste verso, repetir apenas uma vez a última sílaba, que o metro está completo),/ do berrô, do berrô (berrô não é berro; quem berra é boi; gato mia!). Miauuuuuuuu". Ah, agora você pôs para fora a língua do gato!

Sicrano macaqueou Beltrano. Parente é serpente, diz o título do filme de um cineasta italiano. O gatuno furtou a mochila dos turistas que lagarteavam na praia.

O tal gatuno era rato de praia ou rato de hotel? Qual é a diferença entre o rato de biblioteca e o rato de sacristia? Por que quem fica com a maior parte, fica com a parte do leão? Quem não conhece mãe coruja, pai coruja, avó coruja?

Cuidado ao invocar animais, aves, pássaros e peixes para falar dos semelhantes! Há diferença essencial entre perua e galinha, cadela e cachorra, vaca e potranca. O amigo da onça namora uma tigresa, derrama lágrimas de crocodilo, mas enche a amada de chifres, é cobra criada e dá abraço de tamanduá. Longe dela, diz cobras e lagartos da jararaca, mata a cobra e mostra o pau. Com aquele um olhar de peixe morto, esqueceu os versos famosos: "Como pode o peixe vivo/ Viver fora da água fria?/ Como poderei viver, sem a tua, sem a tua, sem a tua companhia?".

Recorrer aos seres vivos em terra, mar e ar, para revelar emoções, ideias e até preconceitos, eis um de nossos recursos de expressão mais habituais. Também o reino dos inanimados é invocado com frequência, de que são exemplos as expressões "pedra no lugar do coração", "olho de vidro", "mão de ferro", "cara de pau" etc.

"O anel que tu me deste/ era vidro e se quebrou". É, mas Maria Bethânia já disse que "Se esta rua, se esta rua fosse minha/ eu mandava, eu mandava ladrilhar,/com pedrinhas, com pedrinhas de brilhante,/para o meu, para o meu amor passar".

Outras vezes, você quer ser inanimado, mas tecido por mãos diligentes: "Eu queria ser balaio, balaio eu queria ser/ pra ficar dependurado na cintura de você".

E se a bela não lhe der bola, só lhe restará comparar sua situação à do batráquio infeliz: "Sapo-cururu na beira do rio,/ Quando o sapo grita, ó Maninha, diz que está com frio". O frio dever muito intenso, pois altera até a linguagem do sapo que, em vez de coaxar, grita! Logo, porém, o sapo terá o calorzinho da companheira, "que está lá dentro/fazendo renda, Maninha, para o casamento".

Também os insetos colaboram conosco na arte de falar: Fulano estrilou! Ou, se ave doméstica, não deu um pio!

O baixo clero venceu os cardeais

O baixo clero sacramentou o nome do deputado Severino Cavalcanti contra a vontade dos cardeais dos partidos e do governo. Naquela eleição para a presidência da Câmara, ressurgiram palavras que mais pareciam tratar da sucessão no Vaticano e não no Brasil. Baixo clero, sacramentar e cardeais foram as mais utilizadas. Clero é palavra que veio do latim *clerus*, forma adotada pelos romanos para o neologismo grego *klêros*, dado, pedrinha, pedaço de madeira.

Passou a designar o estamento eclesiástico que abriga sacerdotes e padres porque em Bizâncio as pessoas que ocupavam tais funções recebiam um lote ou herança, originalmente definida em sorteio: os dados, de pedra ou de madeira, eram postos num vaso ou num capacete, semelhando o moderno recipiente das loterias onde são colocadas bolinhas numeradas.

Para pertencer ao clero, o indivíduo era e é ordenado padre pelo bispo. A ordem é um dos sete sacramentos. Os outros seis são o batismo, a crisma, a eucaristia, a confissão, a unção dos enfermos e o matrimônio. Alguns são designados também por outros nomes: confissão é sinônimo de penitência; unção dos enfermos, de extrema-unção.

O batismo está presente em muitas outras acepções, dando conta de primeiro ato decisivo na vida de uma pessoa, de que é exemplo a expressão batismo de fogo, o primeiro combate travado pelo soldado.

Embora mais raramente, também o último aparece como sinônimo de que não há mais esperança para a pessoa. A Igreja, entretanto, mudou o nome de extrema-unção para unção dos enfermos. Destinado a moribundos desenganados, o sacramento teoricamente só poderia ser administrado uma vez na vida, à beira da morte. Com o progresso da medicina, muitos moribundos se recuperavam, contrariando o adjetivo "extrema", anteposto à "unção". Daí a providência, aliás muito pertinente, de mudar a designação para "unção dos enfermos". E afinal a crença sofreu variação importante: em vez de passaporte para o outro mundo, aquele do qual ninguém jamais retornou, apoio da fé para ajudar na recuperação da saúde.

Mas por que adjetivar o clero parlamentar como baixo clero? Ao designar o conjunto de parlamentares desconhecidos ou pouco influentes como baixo clero, a imprensa recorreu outra vez à linguagem da Igreja. Nem todos os padres são Antônio Vieira, Cícero Romão Batista, Frei Caneca ou Frei Betto! De forma parecida, há um contingente quase anônimo de parlamentares, obrigados a seguir decisões de lideranças, recomendações ou ordens dos cardeais dos partidos para sacramentar tais ou quais decisões.

E aí entramos nas duas outras palavras: o verbo sacramentar e o substantivo cardeal. Sacramentar veio de sacramento, quantia depositada diante das estátuas dos deuses, como adiantamento da remuneração prometida à divindade em caso de a reivindicação ser atendida. Como Roma era absolutamente democrática e republicana com todos os deuses do mundo, até a Porta era deusa. E ocorriam situações curiosas: se o fiel não fosse atendido, a Porta teria ficado surda às súplicas e era objeto de chutes, imprecações, ofensas, punições. Na eleição do atual presidente da Câmara, o Executivo, surdo como uma porta aos pedidos dos parlamentares do baixo clero, pagou o preço da ave da derrota, no caso um pato, "pagou o pato".

Já cardeal, do latim *cardinalis*, veio de cardo, gonzo, eixo, de onde derivou o sentido de função importante. Os cardeais elegem o papa, autoridade máxima. Ao contrário, porém, do que aconteceu na Câmara, na Igreja o baixo clero não manda em ninguém, seguindo a velha ordem: manda quem pode e obedece quem precisa. Nem falta a tonsura para alguns parlamentares ficarem ainda mais parecidos com o baixo clero.

O Brasil em achados e perdidos

Pero Vaz de Caminha diz logo na abertura de sua famosa Carta que vai dar "notícia do achamento desta Vossa terra nova" que "nesta navegação se achou". O Brasil estava perdido quando foi achado pela armada de Pedro Álvares Cabral? Que os historiadores resolvam se foi descoberto ou achado, nós ficamos com outra viagem, a das palavras.

O diligente intelectual, encarregado pelo capitão-mor de informar ao rei Dom Manuel o descobrimento, indica onde e quando escreveu o documento: "Deste Porto Seguro, da Vossa Ilha de Vera Cruz, hoje, sexta-feira, primeiro dia de maio de 1500".

Muito mais do que notícia, faz minuciosa reportagem sobre a descoberta. Uma curiosidade: jamais utiliza a palavra "caravela" para designar os tipos de embarcações, denominando-as almadia, batel, esquife, nau.

O trágico viajante utiliza "achamento" e "achou" logo na abertura. Ele escreveu a Carta por acaso, estava a caminho da feitoria portuguesa de Calicute, para a qual tinha sido nomeado escrivão. Ia tomar posse. Em dezembro de 1500, aos cinquenta anos de idade, lá morria nas mãos dos mouros.

O verbo que utilizou para designar o descobrimento, achar, veio do latim *afflare*. À semelhança de tantos outros verbos latinos, nascidos da intimidade dos romanos com a agricultura e com a navegação, tem suas raízes na observação do tempo e nas atividades de caça. Como nós, hoje, eles *achavam* que ia chover ou fazer sol, *achavam* que a caça tinha passado ali ou acolá, procedendo como os cães, que a farejavam.

O latim vulgar retirou uma das consoantes, consolidando *aflare*, formado a partir de *ad flare*.

Outro verbo do latim culto, *fragrare*, exalar odor forte ou agradável, está na origem de fragrância, mas veio a consolidar-se no latim vulgar como *flagrare*, arder, passando a significar surpreender os praticantes do ato na hora mesma em que é executado, de que é exemplo a expressão jurídica, dele derivada, *flagrante crimine*, crime comprovado durante a ocorrência ou logo após a consumação.

Se o Brasil foi achado, estava perdido. E sua descoberta foi redescoberta.

Como muito bem alega Reinaldo Pimenta em *A Casa da Mãe Joana* (Editora Campus), a seção de *Achados e Perdidos* é contraditória. Se os objetos foram achados, não estão mais perdidos. Perdido está aquilo que não foi encontrado.

Achamos outro modo de escrever nossas cartas e começamos por onde Pero Vaz de Caminha terminou a sua: local e data.

O busílis da arroba

O sinal arroba designando endereço eletrônico completou 33 anos. Quem inventou o sistema de troca de mensagens por computadores precisava separar destinatário e provedor. Era necessário um sinal gráfico, disponível em todos os teclados, que não fizesse parte dos nomes das pessoas e dos provedores. Por que escolheu o sinal de arroba? Outras opções, como o asterisco e o cifrão, talvez pudessem ser aproveitadas, mas Ray Tomlison, americano, preferiu o simples.

Corria o ano de 1971. Se fosse alemão, talvez fiel ao ditado famoso "por que o simples, se o complicado também serve?", que parece lema da burocracia brasileira, sua escolha tivesse sido outra. Por exemplo: seriam exigidos requisitos para enviar, como reconhecer firma, autenticar cópias, providenciar três vias, molhar o carimbo, enxugar as mãos numa toalha etc.

Os inventores não têm o reconhecimento que merecem. O brasileiro Alberto Santos Dumont inventou o avião, o meio de transporte mais rápido que existe e ainda não superado, se o que você quer é viajar aqui na Terra e não no espaço sideral. Quantos se lembram dele quando embarcam? Talvez fosse de bom tom inserir seu nome como homenagem para amenizar o tom enfadonho dos avisos habituais que as aeromoças são obrigadas a declinar quando o avião está prestes a decolar.

Os inventores do liquidificador, das máquinas de lavar roupas e louças, do aspirador e de outros eletrodomésticos, também contribuíram para a libertação feminina. Precisamos prestar atenção a detalhes como estes. Escritoras feministas já nos advertiram do machismo nos dicionários. Sugiro ao leitor, para encurtar este exemplo, que compulse os dicionários e compare os verbetes "homem" e "mulher". Os aumentativos e diminutivos já dão uma ideia da ideologia subjacente. Entre homenzarrão e homão, e mulherão e mulheraça, há mais significados embutidos do que supõe nossa vã filosofia.

Esses usos da língua raramente aparecem nas gramáticas ou são ensinados nas escolas, ainda que indispensáveis. Aliás, você nunca se irritou com as instruções escritas de outro meio de transporte, o elevador? "Antes de entrar no elevador, verifique se o mesmo está no andar". E antes de sair? Não será necessário aviso semelhante? "Antes de descer no andar, verifique se o mesmo está aí".

Voltemos ao eletrodoméstico mais usado hoje, o computador, que já deve ter batido a televisão, o rádio e o som, este último já reduzido de aparelho de som, tendo substituído antes o fonógrafo, a vitrola, a eletrola. O e-mail (abreviação de "electronic mail", correio eletrônico) há tempos substitui a carta tradicional.

O sinal de arroba, antes designando apenas medida de peso equivalente a mais ou menos 15kg, veio do árabe "ar-rub", mas consolidou-se com o significado de indicação de endereço porque o inglês já o usava como sinônimo de "at" (em), por meio da abreviatura que designou originalmente a medida correspondente.

O novo significado do símbolo luminoso remete-nos, paradoxalmente, à Idade das Trevas, como tem sido concebida erroneamente a Idade Média. Foram copistas medievais que inventaram o sinal de arroba como sinônimo do latim "ad", que indica em, para. O inglês grafou "at" em vez de "ad". Foram eles também que inventaram o asterisco (*), o "c" com o sinal de sociedade (&), o cifrão ($), o pingo no "i" e a separação das palavras na frase, além do ponto, da vírgula e de outros sinais indispensáveis à compreensão do texto. Afinal, a frase latina "in diebus illis" (naqueles dias) transformou-se em sinônimo de dificuldade, aportuguesada para busílis, porque o copista tinha separado erroneamente as palavras. O inventor da arroba separou corretamente.

O escritor e a bengala

Não foi o pau que cantou no Congresso no ataque a José Dirceu. Foi uma bengala, brandida pelo escritor Yves Humblet na cabeça do então deputado José Dirceu. Outro escritor, Rubem Fonseca, já a utilizara literariamente, não literalmente, substituindo a faca nas novas tramas do mais conhecido de seus personagens, suspeito de um crime passional em Mandrake: a bíblia e a bengala. Mandrake consome vinhos e charutos, mas ama as mulheres pelas quais se interessa, ainda que sejam três simultaneamente, como em A grande arte, quando a faca, e não a bengala, é a arma suspeita.

“Eu casaria com um homem desses”, disse uma aluna de Letras na defesa de sua monografia. “E as três mulheres que ele diz amar?”, perguntou-lhe uma das professoras da banca. “Ele amaria a nós quatro, o mais importante na vida é ser amada, se o homem da gente ama outra também, que se há de fazer?”.

Pois o velhinho de Curitiba poderia casar com a velhinha de Taubaté. Fariam um belo par, os opostos se atraem, como nos ensinam o amor e a física. A personagem de Luis Fernando Verissimo, nascida no Rio Grande do Sul, apesar de ter fixado residência na terra de Monteiro Lobato, no interior de São Paulo, desposaria um autor! Uma personagem pode desposar um autor! Na Grécia antiga, homens não casavam com deusas?

“Fristão”, gritou o escritor a cada bengalada. Entenderam “cristão”. Mas ele esclareceu que dissera “Fristão”. Instado a dar detalhes, já cercado de seguranças, aconselhou: “Leiam Dom Quixote”. O cavaleiro andante diz que o mago Fristão "não poderá evitar aquilo que pelos céus está ordenado", ao transformar os gigantes em moinhos de vento "para roubar-me a glória de vencê-los".

Yves Humblet deu duas lições. Uma a quem ainda não leu *Dom Quixote*, o imortal romance de Miguel de Cervantes, leitura indispensável a todos. Outra a José Dirceu. A bengalada foi silenciosamente aplaudida, mas vivemos num estado de direito, que a desautoriza.

No táxi ouvi que "um velhinho deu uma porrada com uma bengala num dos maiorais de Brasília".

A bengala fez uma longa viagem. Veio da Índia para Portugal e para o Brasil, ainda no século 16. Bengala, do hindustânico Bang-alaya, onde morava o povo de banga, nbang, no quicongo, significando casa sobre palafitas, como nos ensina Nei Lopes, era até então apenas nome de localidade, onde viviam também os famosos tigres de Bengala, que em menino cheguei a supor serem tigres fracos ou cegos, apoiados em bengalas, como os velhinhos que eu encontrava nas ruas. Naquela região da Índia havia certa madeira que passou a ser conhecida como cana-de-bengala, especial para a fabricação deste apoio chique e aristocrático.

Já porrada veio de porra, pequena arma de madeira, como o cassetete dos policiais de hoje. Porra estreou num texto jurídico do português de 1209, influenciado pelo dialeto moçárabe, do árabe musta'rab, tornado árabe, determinando castigo a "qualquer homem que ferir o vizinho com cutelo ou com porra ou com pedra", como se lê nas Leges et consuetudines (Leis e costumes), em Portugaliae monumenta historica (Monumentos históricos de Portugal), que reúne textos publicados entre os séculos 8 e 15.

Em pleno século 21, eis aí a bengala na sua dupla função de apoio e arma.

O estudante, a galinha e a prefeita

O Largo São Francisco, em São Paulo, estava em festa. Era 11 de agosto, segunda-feira, e corriam bem as comemorações do centenário do *Centro Acadêmico XI de Agôsto*, que prefere manter na denominação o algarismo romano e o acento no nome do oitavo mês que, aliás, já foi o sexto, como se vê pelo que lhe segue, setembro, do latim *september*. Na antiga Roma, no século VIII a.C., por determinação de Rômulo, o ano começava em março e tinha apenas dez meses. Assim, antes de homenagear o imperador Caio Júlio César Otaviano Augusto, filho adotivo de Júlio César, agosto era denominado *sextilis*.

A então prefeita Marta, sempre citada com o sobrenome do ex-marido, o senador Eduardo Suplicy, desacompanhada também do segundo nome, Teresa, e do sobrenome original, Matarazzo, prestigiava as celebrações. Além dos cem anos do diretório dos alunos, eram festejados também os 176 anos da Faculdade de Direito, a mais antiga do Brasil. Na penúltima gestão, coubera a Ivette Senise Ferreira ser a primeira mulher a ocupar a direção.

O famoso Largo tem muitas histórias, algumas delas solenes, outras trágicas e algumas apenas curiosas. Ali estudaram muitos autores brasileiros que até hoje são exemplos da arte e da técnica de escrever. E que souberam fazer da palavra uma eficiente ferramenta de trabalho e de protesto. O caso mais célebre talvez seja o de Castro Alves, que fez da abolição o tema solar de muitos poemas e apregoou o valor da escrita: "*Oh! Bendito o que semeia/ livros... livros à mão cheia.../ e manda o povo pensar!*"

Outros deram contribuição mais prosaica. Casemiro Pinto Neto, natural de Bauru, então aluno da Faculdade famosa, criou o sanduíche que leva o nome de sua cidade natal. O lanche espalhou-se pelo Brasil. A receita original, que foi adaptada às diversas regiões, era a seguinte: pão francês, rosbife frio e malpassado, tomate, pepino, queijo e orégano. E bauru, designando comida rápida, foi parar nos dicionários. E hoje é alternativa nos cardápios onde impera o inglês *fast food.*

O incidente daquela segunda-feira não fez jus à reputação da Faculdade. Um aluno de apenas 18 anos notabilizou-se por ato que dá bem a ideia de certa grosseria que vem tomando conta de alguns jovens, para os quais protestar é fazer qualquer coisa. No caso, atirou uma galinha preta no palco onde estavam as autoridades. O alvo era a prefeita, a essa altura já vaiada com o neologismo Martaxa, que tinha o fim de combinar Marta com taxa, referência às novas taxas municipais criadas em sua gestão.

Por eflúvios de agosto, nada é tão ruim que não possa piorar. E coube justamente a uma figura muito querida de docentes e alunos, o ministro da Justiça Márcio Thomaz Bastos, respeitado advogado, que se notabilizou na defesa do Estado de Direito durante a ditadura militar, lavrar emenda pior do que o soneto. É verdade que ele teve a dignidade e a humildade de reconhecer que a declaração tinha sido infeliz. Mas já era tarde. "Era como se um homem falasse e jogassem um veado", disse o ministro, reconhecendo que o protesto passara dos limites. E que para ofender o homem, o bicho é outro, o que também é reprovável.

O ministro percebeu que a ave escolhida tinha o propósito de insulto adicional. Para ofender a mulher, são invocados bichos domésticos. Além da galinha, aparecem no rol a cadela, a vaca e a perua, a primeira destinada também a homens promíscuos. Tais injúrias são sintomas de neurose típica da sociedade patriarcal, que ainda quer confinar a mulher aos limites domésticos.

O fato é que essas palavras são de largo uso na Língua Viva.

O gafanhoto do gerundismo

Ave! Os gafanhotos do gerundismo estão com os dias contados! A Associação Brasileira de Telemarketing (ABT) prometeu iniciar uma campanha contra o gerundismo. Prometeu distribuir uma cartilha aos cerca de 615 mil trabalhadores dos *call centers*.

Nossos irmãos portugueses evitam o gerúndio junto a verbos auxiliares como ir, vir, estar, andar etc. Preferem "estás a ver" a "estás vendo".

Dá-se com o gerúndio algo semelhante ao neologismo. Passou-se rapidamente do uso ao abuso.

Palavras convidadas a entrar para a língua portuguesa ou aqui chegadas por força de avanços científicos, tecnológicos e culturais em seu sentido mais amplo, de repente passaram a mandar em nossa casa, comportando-se como visitas intrometidas, que padecem da falta de educação, o novo mal do século: "tire esta mesa da sala, disponha as cadeiras de outro modo, troque o tapete, arranque as cortinas".

Na Estácio de Sá, um de nossos professores, subitamente despertado para a inundação do inglês, passou a ironizar os neologismos. Assim, para saber o horário de reunião semanal, pergunta à secretária quando vai ser o *status report*.

Inspirado em dona Nelma, memorável secretária de O *Pasquim*, ensinei à eficiente auxiliar que ela é nossa secretária, medianeira e nume tutelar. A moça foi ao dicionário e ficou muito contente com as novas funções.

Muitos profissionais, especialmente economistas e publicitários, infestam sua fala com expressões desnecessárias do inglês, revelando patologia de executivos conhecida como *status needs*.

Os glossários do jargão de altos funcionários, na esfera pública, e de executivos, na esfera privada, ensinam que a doença revela necessidades de alcançar prestígio, poder e segurança.

"Estas necessidades são tão fortes que algumas pessoas julgam ser preciso usar símbolos (*status symbols*) para mostrar que têm alguma forma de *status*".

Achando que o carro, o celular, a roupa, o calçado, os óculos, o perfume etc. não são suficientes, recorrem à língua! Naturalmente, há casos em que os neologismos são indispensáveis. A condenação diz respeito ao abuso.

Para coibir o excesso de neologismos, principalmente daqueles vindos do inglês, o latim do império, o então deputado e agora ministro Aldo Rebelo apresentou projeto na Câmara dos Deputados. A proposta polêmica foi duramente criticada nas universidades, mas certamente pouco lida e ainda menos estudada.

O gerundismo irrompeu no Brasil no alvorecer do segundo milênio. O vírus nefasto decorreu de erro de tradução. Por volta do ano 2000, desprezando profissionais de letras, certas empresas confiaram a jejunos do inglês a versão de manuais ou de simples instruções.

Semelhando famosa catástrofe bíblica, pelo menos dez pragas desabaram, então, sobre a maltratada língua portuguesa, já molestada pela falta de "honesto estudo, com longa experiência misturado", como escreveu Camões em *Os Lusíadas*, uma estrofe depois de contar que o general Aníbal ria dos ensinamentos militares de "Formião, filósofo elegante", "quando das artes bélicas, diante/ Dele, com larga voz tratava e lia".

Por enquanto, cuidemos dos gafanhotos do gerundismo. Trazidos pelo siroco, vento que servia de ponte aérea para insetos que devastavam a agricultura, tão logo ela verdejava, após as habituais inundações do rio Nilo, "os gafanhotos pousaram em todo o território, em tão grande quantidade como jamais houve nem haverá igual".

No Brasil, o siroco foi principalmente o telefone, que agora trará também o antídoto.

O inglês no português

Observe a língua viva de seu agente de viagens. Se fizer a reserva por computador, ele escreverá os nomes dos passageiros, começando pelo sobrenome, com a indicação do inglês "Mr", "Ms", "Mrs", "Chd" e "Inf ", antecedendo nome e sobrenome. As abreviações resumem as palavras inglesas "mister" (senhor); "miss" (senhora, sem especificar se é casada); "mistress" (mulher casada); "child" (criança, de dois a 12 anos) e "infant"(criança de colo, de zero a dois anos).

De todas elas, "miss" é nossa velha conhecida dos concursos de beleza, nacionais e internacionais, cumprindo outra função.

A origem de "mister" e "mistress" é o latim "magister", mestre, formado a partir da raiz indo-europeia "mag", grande, presente também em outras palavras de domínio conexo, como "magnus", grande; "majus", maior; "majestas", de cujo genitivo, "majestatis', formou-se majestade em português. Também "major", patente militar, que veio do francês "major", tem no latim "majus" o seu radical mais próximo.

O posto de major foi adaptado, quando se formaram as primeiras forças aéreas, para major-aviador. Outros postos seguiram tal homologia, como brigadeiro, palavra já existente no português do século XVIII.

O exército forneceu a nomenclatura dos postos para a Marinha e para a Aeronáutica, excetuados alguns casos, como capitão, presente na Marinha e no Exército, e acrescido de aviador, quando aplicado a capitão de força aérea. A força naval, entretanto, tem postos exclusivos, como almirante, presente na língua portuguesa ainda no século XIII, do árabe "al-mir", o chefe, também utilizado em nome de pessoas. O Santos dos tempos gloriosos teve um reserva famoso, que se chamava Almir. Substituiu Pelé muitas vezes, sem decepcionar os torcedores.

Todas essas designações, na vida civil como na militar, nasceram da necessidade de fazer distinções, com o fim de aperfeiçoar os trabalhos. Além de motivos operacionais, porém, houve condimentos de honrarias, a exemplo do que ocorreu na denominação dos postos na hierarquia da Igreja Católica, em cujos primórdios houve apenas mestre, apóstolos e discípulos. E apóstolas e discípulas também, mas essas, logo apagadas, o que ainda hoje desperta controvérsias. De todo modo, padres, monsenhores, cônegos, bispos e arcebispos, comandados por cardeais e pelo papa, formaram a partir do século IV um conjunto impensável para os primeiros tempos do cristianismo.

Muitas palavras, como os pronomes de tratamento, fixam a importância social das pessoas. Outros exemplos, extraídos da vida civil, são "senhor" e "doutor", este último utilizado sem referência real de título, vez que, aplicado a advogados e médicos, perdeu um pouco sua força depois das defesas de teses, último passo para a obtenção do título acadêmico de "doutor". A rigor, doutores são apenas aqueles que defenderam tese de doutoramento. Todos os outros são graduados, especialistas, mestres, mas não doutores.

Naturalmente, os costumes são os melhores intérpretes das leis, nem sempre acolhidos com a atenção que fazem por merecer. É comum que as influenciem, levando a alterações de leis e normas, no campo jurídico, como no gramatical. O tratamento respeitoso de "senhor" já foi privativo daqueles que andavam a cavalo. Ou, se a pé, calçados! Mais tarde, o terno e a gravata completaram o simulacro.

Em 1989 foi lançado um pequeno dicionário multilíngue, de oito mil palavras, com seis línguas: francês, alemão, espanhol, inglês, italiano e português.

Com mais de duzentos milhões de falantes, a língua portuguesa retomou antigos vínculos internacionais. Nos novos tempos, porém, o Brasil tem tudo para liderar a comunidade lusófona.

O instituto do prazo

O instituto do prazo é um dos grandes tormentos do direito. Perdido o prazo, perdido o direito. O juiz é obrigado a endossar a demanda que não foi contestada a tempo.

Mas prazo e endossar tiveram originalmente outros significados. Prazo nasceu da expressão "placitus dies", dia agradável. Mas agradável para quem? Uma complexa rede de pequenos poderes está presente no tecido das palavras.

Endossar veio do latim medieval "indorsare", pôr no dorso, nas costas de um animal ou de uma pessoa. Ao assinar no verso de um cheque, pomos nas próprias costas aquela quantia. Se o emitente não honrar o pagamento, quem o endossou também é responsável. E, ao recebê-lo, confirma ser o beneficiário do pagamento.

Foi o que aconteceu recentemente, aliás, na rumorosa denúncia de corrupção que levou o deputado Severino Cavalcanti a perder o mandato e a presidência da Câmara. Quando sua secretária, Gabriela Kênia Santos da Silva Martins, endossou o cheque 001336, de R$ 7 500 (mais ou menos U$ 3200), da agência 0241 do Bradesco, emitido por Sebastião Buani, forneceu, sem querer, prova decisiva de corrupção do chefe.

A propósito, a expressão "Os 18 do Cofre", divertida paráfrase de Augusto Nunes para vituperar os corruptos, é expressão baseada na história dos "18 do Forte" de Copacabana, que em 1922 arriscaram a vida por seus ideais. Já "Os 18 do Cofre" seguem saqueando a pátria em 2005 e culpando a imprensa que os denuncia.

Voltemos a nossas palavras. Prazo surgiu no século X. José Pedro Machado encontrou documentos dos anos 938 e 999, em que aparece com a forma alatinada "plazum". A forma atual, "prazo", teve seu primeiro registro num texto do rei português, Dom Dinis, agricultor e poeta, fundador da Universidade de Lisboa, em 1290, transferida para Coimbra em 1307.

Como escrever é tecer, lembremos que José Pedro Machado, casado com a também lexicógrafa Elza Paxeco Machado, primeira doutora em letras da Universidade de Lisboa, faleceu dia 26 de julho passado, quando saía de casa para comprar seu jornal diário. Foram muito perseguidos por colegas professores. Tinham abandonado a docência há décadas, mas não as pesquisas, e juntos escreveram muitos livros.

O francês "endosser", de onde veio endossar, está presente nas *Viagens de Carlos Magno*, do primeiro milênio, mas ainda com o sentido de pôr no dorso. Com o significado de avalizar, surge no século XVII, chegando ao português em 1789, tendo sido registrado pela primeira vez no *Dicionário da Língua Portuguesa*, de Antonio de Morais Silva. Ele também foi perseguido e precisou refugiar-se na Inglaterra, como fez Hipólito José da Costa, o fundador de nossa imprensa, outro célebre exilado.

Não prescreve o prazo de certas penas. Certamente Arnaldo Jabor não endossa a perseguição a exilados, mas recentemente incluiu entre os "heróis canalhas" os degredados, para demonstrar que o Brasil começou mal. *Tu quoque, Brute?* Ora, entre os degredados havia muitos intelectuais e presos políticos. É preciso separar o joio do trigo.

PS. O ex-ministro, agora deputado José Dirceu, declarou que está "cada vez mais convencido de sua inocência". As pessoas, como os peixes, morrem pela boca. Os anzóis são as palavras.

O nome das coisas

Por mais contrário que seja aos neologismos, ninguém se atreverá a instruir que se comprima o camundongo sobre a figura para abrir um arquivo. Nós já nos acostumamos a palavras estranhas à língua portuguesa. *Windows*, janelas em inglês; *word*, palavra; *mouse*, rato. Com ele mexemos a flecha de lá para cá, como o gato faz com o rato, mediante um simples clique, do inglês *click*, palavra de origem onomatopaica que inicialmente designava sinais de som e depois de luz.

Outras palavras já esconderam para sempre a antiga origem. Teclado e teclar vieram de tecla, de origem controversa, mas provavelmente do árabe *têqra* ou do latim *tegula*, telha. Reunidas, as teclas de pianos e órgãos semelharam um telhado ao olhar de quem primeiro as denominou. Tecla é também nome de uma santa, convertida ao cristianismo por São Paulo, depois de abandonar o noivo. Denunciada pela própria mãe, foi condenada à fogueira, mas súbito e violento temporal apagou o fogo. Foi então jogada às feras, mas refugiou-se numa caverna, cuja entrada fechada por uma porta que se abriu para ela entrar.

O sistema de buscas *Yahoo*, brutamontes em inglês, nasceu de palavra criada pelo escritor irlandês Jonathan Swift nas *Viagens de Gulliver* para designar besta-fera ou animal com forma humana. Swift não foi um Joyce ou um Guimarães Rosa, mas criou também *houyhnhnm* para grafar em inglês o rincho do cavalo.

Olhemos ao redor. Todas as palavras do nosso cotidiano, assim como as pessoas, têm sua própria história. Alguém pensou muito antes de dar nome aos inventos. *Motorola* recebeu este nome porque os fabricantes, antes de produzirem celulares, fabricavam rádios para automóveis. Juntaram *motor* e *vitrola*. É tão familiar que parece palavra portuguesa, afinal motor e vitrola entraram para nossa língua sem alteração na escrita.

Outra marca famosa, a *Samsung*, nome criado a partir de expressão da língua coreana para três estrelas, está presente, entre tantos outros produtos, em televisores. Mas seu fundador mudou radicalmente os negócios. Ele começou exportando peixe seco, vegetais e frutas.

A expressão "três estrelas" é indicadora de qualidade em hotéis: muitos chegam a quatro, poucos a cinco e são ainda mais raros os que ultrapassam este número. Quem já se hospedou num seis estrelas, sabe que acima de cinco é puro refinamento no atendimento, como ocorre com os poucos hotéis que alcançaram este número, quase todos em países árabes, que primam por oferecer os maiores contrastes entre luxo e pobreza.

Quando você abastece num posto *Shell*, certamente não é informado de que o fundador da empresa começou vendendo conchas a colecionadores. *Shell* é concha em inglês. Certo dia, seu filho, catando conchas no Mar Cáspio, meditou e resolveu mudar de ramo, passando a exportar derivados de petróleo para aquela região. E depois para o mundo inteiro.

No café da manhã, quando você come *sucrilho*, palavra que os dicionários ainda não acolheram, ignora que foi formada a partir do inglês *sugar*, açúcar; de crocante, do francês *croquant*, inicialmente *Croquant*, sobrenome de camponeses revoltados, e de milho, do latim *milium*, mil. A multiplicidade dos grãos substituiu o nome original, do taino *mahís*, que no espanhol é *maíz*.

A generosa língua portuguesa acolhe muitas palavras estrangeiras, mas precisa disciplinar-lhes a entrada, não a ponto de exigir vistos, mas para melhor convivência.

PS. Eduardo Nicholas Silva mantém uma página na Internet sobre o tema: www.dicionariodasmarcas.com.br.

O português da internet

Você já acessou a "Internet" hoje? Tudo em ordem com o seu servidor? Seu antivírus deletou todas as mensagens intrusas atochadas em sua caixa postal? Encriptou as mensagens e salvou como documento o que você descobriu enquanto navegava? Anexou ou atachou o que queria para seus destinatários preferidos?

Com a chegada da "Internet", o português recebeu do inglês, o latim do império e o esperanto da globalização, uma enxurrada de palavras - mais de duas mil - com as quais o habitante da Galáxia Gutenberg é obrigado a conviver e das quais precisa descobrir urgentemente o significado e sua aplicação. Estão estimadas em cerca de três mil as novas palavras indispensáveis.

Digamos que até a última década do século passado ainda era possível a um vivente optar por viver sem computador. Desolado com tantos tropeços, comuns a todo início de caminho, o internauta exclamava: "Não sei como é que vivi sem computador até hoje". E em seguida, exalava o contrário: "Não sei como é que vivo com computador!".

O paradoxo é este mesmo: ruim com ele, pior sem ele. Alguns jurássicos ainda insistem em ignorá-lo, esgueirando-se sorrateiros rente à escrivaninha, que não pode mais ter a antiga bela forma, pois o novo eletroeletrônico exige móvel de estrutura e contornos diferenciados. E nem faltam esgares e muxoxos, comuns diante do que não se entende.

Você não gosta de computador? Mas seus filhos o adoram! Ele disputa com o telefone celular o primeiro lugar entre os fetiches do nosso tempo. O sistema – ou será a nova onda? – impôs os dois ícones.

Você ainda se lembra do sistema? Agora ele frequentemente está fora do ar, mas este não é mais aquele, o do complexo tecnológico e bélico de que tanto nos falavam quando éramos mais jovens, digamos assim. O sistema é primo do financeiro. Os dois juntos compõem a mais sólida dupla que tudo impede. Ou tudo resolve. E rapidamente.

Embora, claro, tudo dependa de quem esteja com o cabo do relho na mão. Se é você, o sistema e o financeiro são seus dois mais sólidos aliados. No Brasil, os novos capitães-do-mato, em vez de relho ou chicote, têm à mão um computador. Não batem em você. Basta que lhes seja informado o seu CPF ou CIC. O CIC faleceu, pobrezinho. Ficou o CPF. Ou o CNPJ.

Também estas reduções de palavras a simples iniciais é necessário entender, ao lado dos neologismos da tecnologia, do contrário o seu "browser" não poderá levá-lo aos altos mares da "Internet" e conduzir seu frágil barquinho aos portos onde você precisa buscar as mercadorias que lhe faltam, todas disponíveis no comércio internacional, ainda que virtuais.

Para tanto, você precisa de um cartão! Não é aumentativo de carta. Onipresente, o cartão substituiu até o dedo de Sua Excelência, o juiz Armando Nunes Castanheira da Rosa Marques, que teve a coragem de expulsar o rei Pelé. Não há mais juízes como aquele! E os novos artilheiros comemoram com raiva, fazendo gestos obscenos, ostentando desprezo pelo ato amoroso, transformado em vingança. Substituíram aqueles homens alegres que comemoravam seus gols aos pulos, saltos e gritos, semelhando o rei Davi dançando um salmo, em louvor dos prazeres que o Senhor lhe concedia, ainda que por ínvios caminhos, como o amor da linda Betsabeia, aquela que tomava banhos e se purificava na sacada de sua casa, em frente ao palácio, levando o monarca ao louco gesto de, por amor, matar o marido dela.

Ah, a astúcia feminina! Ah, as astúcias da língua portuguesa. Devagarinho domará todas as novas palavras. Para isso precisa de tempo. Lembremos da lição do escritor italiano Giuseppe Tomasi di Lampedusa em *O Leopardo*: "Se quisermos que tudo permaneça como está, é preciso que tudo mude".

O português das bulas

As bulas de remédios são inúteis para os consumidores. Além de trazer informações desnecessárias e assustadoras, vêm carregadas de advertências confusas, que podem abalar a confiança que os clientes têm nos médicos. O objetivo é fornecer argumentos aos advogados dos laboratórios em eventuais ações judiciais. Os consumidores que se danem.

A bula deveria prestar informações indispensáveis aos consumidores. Mas não o faz com eficiência. A primeira dificuldade é o tamanho das letras. Antes de tomar o remédio – os redatores das bulas diriam "ingerir o medicamento" – o cliente deve lembrar-se da relação de Jesus com as crianças e exclamar "vinde a mim as pequeninas".

Quem lê as bulas? Quase sempre as pessoas mais velhas. Ou porque vão tomar aqueles remédios ou porque vão administrá-los a quem, mesmo sabendo ler, não entenderia o que ali vai escrito. Os laboratórios não pensaram nisso ao escolher letras tão pequeninas. Ou pensaram e quiseram economizar papel. Seus consultores diriam "otimizar recursos".

O cliente toma óculos ou lupa e começa a difícil tarefa de ler a bula. Na compra do remédio – os marqueteiros dos laboratórios diriam "produto" – houve dificuldade prévia. O balconista foi obrigado a decifrar os garranchos do médico. Como é que a sociedade brasileira tolera tamanha desconsideração e irracionalidade? A simples troca de letras pode transformar um remédio em veneno. E muitos médicos prescrevem suas receitas numa caligrafia incompreensível.

Um dia desses fui surpreendido com insólita metodologia de interpretação. Balconista e escritor tentavam ler o que certo doutor prescrevera a uma velhinha que, como a mãe do presidente Lula e todas as outras do universo, nascera analfabeta e ainda não tinha aprendido a ler. Foi então que uma luz desceu sobre a mente da balconista. "Ah, esta receita é do doutor Fulano de Tal." Ela sabia que aquele médico receitava sempre o mesmo remédio! O estilo, no léxico, lembrava o de Marcel Proust na sintaxe!

Cápsula, drágea, posologia, solução oral, ingestão concomitante etc., eis amostras de palavras e expressões muito frequentes em bulas. Quem as entende? Na bula de uma pastilha, que sequer entrou numa escola de judô e por isso não tem faixa preta, lemos esta maravilha nas indicações: "nas irritações e dores orofaríngeas oriundas de infecções ou processos cirúrgicos, como auxiliar no tratamento de angina de Vincent". Modestos, os pesquisadores dão o próprio nome às doenças que identificaram. O médico francês Henri Vincent estudou a angina e morreu aos 88 anos. Terá chupado muito a tal pastilha? Com faixas vermelhas ou pretas, os remédios custam sempre uma nota preta.

A bula tem uma história curiosa. Veio do latim e significa bolha. As primeiras bulas eram marcas feitas com anel para autenticar documentos oficiais e tinham a aparência de bolhas. Bola em latim é *bulla*. Foi o rei francês Luís II, o Gago, que entre 877 e 879 denominou bula o selo real. Afinal, semelhava uma esfera ou bola.

Antigamente a embalagem mais comum dos remédios era uma garrafinha. Pendurada num cordão vinha a bula que tinha o fim de atestar que não era uma garrafada, era um remédio oficial. A garrafinha passou a ser denominada frasco. A substância, que era líquida, passou a ser oferecida em comprimidos.

A linguagem das bulas dos remédios deixou de defender os fracos e oprimidos. Hoje, só defende os frascos e comprimidos, como já ironizou antiga peça publicitária.

A Associação Nacional de Vigilância Sanitária (Anvisa) – parece nome de cartão de crédito – tomou a iniciativa de modificar as regras para a redação das bulas. Que os laboratórios chamem profissionais que saibam escrever.

O português de Jânio Quadros

Autorizado por meus superiores aqui no *Jornal do Brasil*, obtive recreio, sinônimo de intervalo. E a coluna de hoje vai ocupar-se de Jânio Quadros. Fui aluno de Guilhermino César, em Porto Alegre, na mesma turma do atual vice-governador do Rio Grande do Sul, Antônio Hohlfeldt. Pois Guilhermino César, que omitia o da Silva de seu sobrenome, jamais nos liberava para o intervalo, mas para o recreio.

Ora, intervalo veio do latim *intervallum*, designando espaço entre um valo e outro. Como tantas outras palavras, veio das lides militares, guerreiras. Os soldados construíam valos e paliçadas – alguns dicionários autorizam também a grafia antiga, palissada – para organizar a defesa nos campos de batalha. Intervalo foi, pois na origem, o espaço entre os valos ou entre as estacas. Já recreio tem origem mais bonita. Você interrompe o que está fazendo e vai fazer outra coisa. Recreio procede de recrear, que em latim é *recreare*, cujo significado é fazer brotar de novo, tendo também o sentido de reanimar.

Para nós, seus alunos, era melhor ainda quando o mestre continuava o recreio na volta à sala de aula. E vice-versa. Era um encanto ouvi-lo. E assim registro que professores como Guilhermino César são lembrados a vida inteira. Vamos ao recreio e a Jânio Quadros.

Político dos mais controvertidos que o Brasil já teve, Jânio era professor de Português e de Geografia. E respeitava a norma culta de nossa língua em declarações, bilhetes, cartas, documentos, em tudo o que dizia e escrevia. Muitas de suas tiradas ficaram célebres.

Candidato a governador de São Paulo, enfrentou em Ribeirão Preto uma autêntica armadilha, que lhe fora preparada por seu notório adversário, Adhemar de Barros. Também candidato, Adhemar paga um repórter para que vá à entrevista coletiva de Jânio, pedindo ao jornalista que faça uma única pergunta: "o senhor sabe que a família interiorana é moralista e conservadora. Gostaria de lhe perguntar: por que o senhor bebe"? A resposta veio bem ao estilo de Jânio: "bebo porque é líquido. Se fosse sólido, comê-lo-ia."

O flagrante revela um cuidado específico que Jânio Quadros tinha na colocação dos pronomes, um drama para jejunos em português. "Comê-lo-ia" equivale a "o comeria". A síntese, desjeitosa para a fala, que prefere "comeria ele", soa pernóstica. Não em Jânio apenas, aliás.

Em outra ocasião, o humorista Leon Eliachar lhe pergunta: "se eleito, colocará os pronomes nos seus devidos lugares?" Sua resposta: "os pronomes não aguardam a minha eleição para que se coloquem nos seus lugares. Estão sempre neles. A boêmia dos verbos é que mutila a boa ordem das frases. Há que lhes perdoar. Não se desgrudam da ideia de movimento." (Atualmente, é mais usual boemia, sem acento). E provocando o candidato, Leon alude a famoso comercial: "só ESSO dá ao seu carro o máximo?" Jânio: "não entendi a pergunta. Pressinto-a sutil como o próprio interpelante. Resta-me, pois, neste instante de perplexidade, o recurso à passagem de volta: só isso dá ao seu cargo o máximo?"

Para terminar o recreio, que voltará na próxima coluna, vejamos o final da mesma entrevista. Leon Eliachar faz a última pergunta: "o oval da ESSO é oval ou aval?" Jânio tira de letra: "sugiro-lhe, amistosamente, uma consulta a qualquer psicanalista. O Brasil é tão mencionado no seu questionário, quanto a ESSO."

Nelson Valente, autor do livro *Luz... Câmera...Jânio Quadros em Ação (o avesso da comunicação)*, de onde foram extraídos os trechos aqui citados, conclui piedosamente: "ele podia dormir sem essa."

O português de Lula

Do presidente Luiz Inácio "Lula" da Silva: *"não tem chuva, não tem geada, não tem cara feia, não tem terremoto, não tem o Congresso Nacional, não tem o Poder Judiciário. Só Deus será capaz de impedir que a gente faça este país ocupar o lugar de destaque".*

O verbo "ter" foi um dos primeiros a entrar para a língua portuguesa, vindo do latim *tenere*, com o significado de possuir, ser dono, segurar, agarrar. Seu primeiro registro escrito ocorreu em 1047, de acordo com o dicionarista José Pedro Machado. Naqueles começos, os vocábulos não tinham ainda padronização e eram escritos de diversas formas. E assim "ter" era grafado *teer* e *teenr*.

Mas o presidente não usou o verbo com o sentido de "ter", que a norma culta consagrou. Utilizou-o com o sentido de haver, existir, que todos empregamos na linguagem coloquial, seja na fala, seja na escrita. Com o sentido de existir, o verbo "ter" está documentado na língua portuguesa desde o século XIV. Um século antes, "ter" tinha também o significado de se dar bem. O ato sexual, por exemplo, guardou tal indício no sinônimo "possuir". O que se vê é a busca de eufemismos.

O ministro Ciro Gomes, quando candidato à presidência da República, respondendo a um jornalista, disse que a função de sua esposa, Patrícia Pillar, era dormir com ele. E todos entenderam – como direi? – o sentido e o contexto do verbo "dormir" na acepção empregada por ele.

O presidente Lula costuma detonar a norma culta em seus improvisos. E é bem brasileiro nas alusões à sexualidade. O povo o compreende. Tanto que ainda na campanha, em programa de televisão, brincando com um vereador de Pelotas que arrumava a gravata do futuro presidente, disse que "Pelotas era exportadora de veados". Poderia ter dito o mesmo de Campinas. Outrora as duas cidades destacavam-se por abrigar uma juventude culta e bem vestida, de hábitos europeus, na fala, nos gestos, nos modos civilizados de tratamento.

Recentemente, Lula voltou a aludir à sexualidade em outro de seus já célebres improvisos. "A coisa que eu mais queria na vida, quando casei com minha galega, era um filho. Ela engravidou logo no primeiro dia do casamento, porque pernambucano não deixa por menos". Houve manifestações de repúdio à fala machista, proferidas em defesa da humilhação imposta à primeira dama. Mas dona Marisa, que tem mais compostura do que muitos dos críticos de seu marido, sorriu sem nenhum constrangimento diante das câmeras, pois entendeu perfeitamente que a fala do marido não se destinava a humilhá-la.

O presidente do STF, ministro Maurício Corrêa, apoiado em nota oficial irônica, porém serena, criticou o presidente da República. Mas os leitores sabem que todo aquele cuidado é inerente à língua escrita. Na fala, prevalece o espontâneo. E semana passada, Augusto Nunes refrescou a memória dos leitores, lembrando que a um mês de entrar para o Supremo, no domingo de Carnaval de 1994, Maurício Corrêa estava entre as figuras graúdas de nossa política que partiram do Hotel Glória para o Sambódromo com o seguinte projeto: "vamos pegar mulher". "Pegar mulher", "dormir", "não deixar por menos", "ter" e "a gente" devem ser entendidos em seus respectivos contextos. É sabido também que o álcool influencia muito as expressões.

Como se vê, as proclamadas reformas precisam chegar também à língua do Brasil. Não apenas o verbo "ter" deve ser abonado como "existir". Parlamentares e homens de notável saber jurídico haverão de entender o contexto em que o presidente se referiu ao Judiciário e ao Congresso. Os dois poderes não podem ser a geada, o terremoto e a cara feia, metáforas que o presidente usou para ilustrar os impedimentos. Como se vê, a língua, instrumento de cidadania, já é questão decisiva nas Reformas.

O português dos gringos

O inglês tem presença garantida em nossa língua. Mas é preciso tomar cuidado com certas conclusões apressadas. Já se disse que arigó veio da pergunta *where are you going to?* (para onde você está indo?), que engenheiros ingleses e norte-americanos teriam feito com frequência a andarilhos brasileiros. Os gringos queriam saber se eram trabalhadores buscando emprego na construção das ferrovias. Ainda não foi possível comprovar tão inventiva hipótese.

Também a palavra gringo tem tido insólita explicação. É provável que tenha vindo do espanhol *gringo*, provavelmente radicado em *griego* – o eclesiástico que falava grego ou latim à vista de todos e não era entendido pelos outros – que nasalado virou *griengo* e depois *gringo*, indicando estrangeiros, sobretudo europeus e norte-americanos, que viajaram ou emigraram para a América do Sul. Mas é corrente outra explicação. Capatazes, atuando na construção de nossas ferrovias, mandavam, em inglês, que o trabalhador, ao sinal verde, avançasse com o trole: *green, go!* (verde, vai!). Robert Hendrickson, autor de *Word and phrase origins*, tem mais uma hipótese. Além do *green coat*, uniforme verde dos soldados americanos na guerra contra o México, um dos versos da canção do poeta escocês Robert Burns, que entoavam, fala em "*green grow*".

Uma outra hipótese é que derive do inglês *greenhorn*, gado mocho, isto é, sem chifres. Ou dotado de pequenas protuberâncias no lugar deles. Esses bois não eram adequados aos trabalhos da lavoura, não se podia sequer ajoujá-los, ligá-los um ao outro para puxar carros e arados.

O vocábulo passou depois a designar, ainda no século XVI, os recrutas do exército britânico que ainda não sabiam manejar as armas. Posteriormente foi aplicado aos imigrantes que iam para os Estados Unidos e não sabiam fazer nada, nem sequer trabalhar a terra, semelhando aqueles bois e recrutas. O Brasil, assim como diversas outras nações que acolheram imigrantes, deve muito aos gringos. E eles a nós.

Uma outra palavra, envolta em curiosidade, é bonde, que procede do inglês *bond*, variação de *band*, fita, laço, tendo também o significado de algema. Ganhou o sentido de vínculo no seguinte percurso na língua inglesa: originalmente designou ação de levar amarrado o devedor, por algemas nos pulsos ou grilhões nas pernas, à presença do credor para acertar seus débitos. A variante *band* aparece na palavra *husband*, marido, esposo, em que *hus* deriva de *house*, casa. Marido é, antes de mais nada, no inglês, aquele que cuida da economia da casa, está a ela ligado por *band*, laço, obrigação, vínculo ou, para os pessimistas, algema, de que o anel é metáfora. Nesse caminho, *bond* passou a significar obrigação, título, garantia.

Mas no Brasil, a partir de 1868, veio a designar o veículo, ainda puxado por tração animal, da *Botanical Garden Rail Road Company*, empresa norte-americana. Para facilitar o troco, o passageiro recebia um título em forma de bilhete – *bond* – em que estava estampada a figura do veículo, que passou a ser designado por nome inglês, depois aportuguesado para bonde.

A denominação mesclou-se a outro tipo de *bond*, título negociável, referente a empréstimo nacional de juros pagáveis em ouro, realizado em agosto de 1868 pelo Visconde de Itaboraí, ministro da Fazenda do Império do Brasil. Visconde de Itaboraí era o título nobiliárquico de Joaquim José Rodrigues Torres, político, financista, um dos fundadores do Banco do Brasil. Teve grande repercussão a entrega desses *bonds* – como eram denominadas as cautelas das apólices do empréstimo – que ocorreu na mesma época em que os bondes entraram em funcionamento.

Os bondes puxados por cavalos ou burros duraram até 1892, quando foram substituídos por bondes elétricos, já em operação nos EUA desde 1884. A primeira viagem deu-se no dia 8 de outubro, na então sinuosa linha da Praia do Flamengo. Segundo nos informa C. J. Dunlop em *Rio Antigo*, I, p. 124, a cidade parou para assistir à inauguração do primeiro bonde elétrico da América do Sul, lotado das mais altas autoridades, inclusive o presidente da República, além de representantes da imprensa e da fina flor da sociedade carioca: "*partiu este bonde, sob os aplausos do povo, pouco depois das 13 horas, da curva do antigo Teatro Lírico, subiu a rampa da rua Senador Dantas, deslizou suavemente pela Rua do Passeio, Cais da Lapa, Praias do Russel e do Flamengo e, 12 minutos depois, entrava na usina termo-elétrica da Rua Dois de Dezembro*".

A primeira linha de bondes puxados a burros em São Paulo surgiu em 1872, ligando a Rua do Carmo à Estação da Luz. Os bondes elétricos foram introduzidos apenas em 1900 e iam do largo São Bento à Barra Funda, onde morou Antônio da Silva Prado, prefeito de São Paulo por longos treze anos. Mais tarde faziam ponto final na praça que recebeu o nome do alcaide, que remodelou inteiramente a cidade. Em 1956 havia 499 bondes operando em São Paulo, número que foi diminuindo até que, em 1968, foi extinta a última linha regular, que ligava Santo Amaro à Vila Mariana.

Como se vê, os gringos trouxeram mais do que novas tecnologias para os brasileiros. Deram-nos também novas palavras.

O português dos livros didáticos

"Essa felicidade que supomos,/ Árvore milagrosa, que sonhamos/ Toda arreada de dourados pomos,/ Existe, sim: mas nós não a alcançamos/ Porque está sempre apenas onde a pomos/ E nós nunca a pomos onde nós estamos". Assim o poeta Vicente de Carvalho concebeu a alegria de viver em célebre soneto, levantando a hipótese controversa de que, por ínvios caminhos, evitamos a nossa própria ventura.

"Atravessaste no silêncio escuro/ A vida presa a trágicos deveres/ E chegaste ao saber de altos saberes/ Tornando-te mais simples e mais puro". O poeta catarinense Cruz e Sousa que, morando no Rio, não obteve convívio algum com Machado de Assis – tema e problema à espera de um bom pesquisador – exalou esses comoventes versos, capazes de despertar a compaixão de qualquer pessoa com um pouco de sensibilidade para o sofrimento alheio. Parecem escritos entre sangue e lágrimas na solidão de alguma noite escura.

"Quando Ismália enlouqueceu,/ Pôs-se na torre a sonhar.../ Viu uma lua no céu,/ Viu outra lua no mar./ No sonho em que se perdeu,/ Banhou-se toda em luar.../ Queria subir ao céu,/ Queria descer ao mar...". Esses são de Alphonsus de Guimaraens e introduzem, com solerte delicadeza, o tema do suicídio, pois "no desvario seu", Ismália, que "estava perto do céu" e "longe do mar", "como um anjo pendeu/ as asas para voar". O desfecho é digno do mais trágico dos contos: "as asas que

Deus lhe deu/ Ruflaram de par em par.../ Sua alma subiu ao céu,/ Seu corpo desceu ao mar...". Sei esses versos de cor por motivos diferentes dos que levam a minha colega de Estácio, a doutora Dinah de Guimaraens, filha do igualmente talentoso Alphonsus de Guimaraens Filho, a sabê-los também.

"Oh! que saudades que tenho/ Da aurora da minha vida,/ Da minha infância querida/ Que os anos não trazem mais!". Agora é o poeta Casimiro de Abreu, refletindo sobre a infância perdida, pois todos um dia perdem a infância, não adianta chorar! Mas é possível fazer bonitos versos sobre todas as perdas e especialmente sobre a maior delas, depois dos amores findos e da morte.

"Pesa-me esta brilhante auréola de nume.../ Enfara-me esta azul e desmedida umbela.../ Por que não nasci eu um simples vaga-lume?", exclama o Sol, depois de declarações inconformadas e invejosas do vaga-lume, da estrela e da lua. Os versos são de Machado de Assis.

"Amo-te, ó rude e doloroso idioma/ Em que da voz materna ouvi: 'meu filho!'/ E em que Camões chorou no exílio amargo,/ O gênio sem ventura e o amor sem brilho!". Olavo Bilac, com quem os modernistas foram tão birrentos, esculpiu esses versos sobre a língua portuguesa, até hoje frescos na memória de muitos.

Extraí esses fragmentos de antigos livros didáticos. Que contraste com os ditos babosos, destilados em rudes alambiques de autores metidos a escritores! Como a língua é de domínio público e foram facilitados processos de impressão, agora todo mundo é escritor. Mas nem todos são jogadores de futebol, músicos, artesãos ou motoristas.

Durante décadas alguns textos fundamentais de nossa literatura tinham presença obrigatória nos livros didáticos e nas antologias escolares. O estudante, chegando ou não à universidade, sabia de cor pequenos trechos de grandes autores.

Procurei outros tipos de livros didáticos, desses modernos, que fornecem modelos aos estudantes. Encontrei esses versos: "amanheci tão triste/ Com vontade de chorar/ Pensando em meu bem/ Que está a esperar". São do poema *Rosemary*, do grande autor brasileiro Edson Arantes do Nascimento, mais conhecido como Pelé, incluído em livro didático que teve o propósito de ensinar português. Assim é difícil ensinar e ainda mais difícil aprender.

O português dos presidentes

O presidente Getúlio Vargas trouxe para o Palácio do Catete um dialeto do português, presente na famosa saudação "trabalhadores do Brasil". Se fosse carioca, pronunciaria "Brasiu". E o esse final de trabalhadores teria o som representado pelo xis no início de xingar. O presidente? Temos um sério problema de designação para nomear o cargo que ocupou de 1930 a 1945. Ou não, como dizem os mineiros. Basta substituir presidente por ditador.

Getúlio Vargas tornou-se muito popular por vários motivos, mas sobretudo por saber utilizar-se da palavra como ferramenta política. O uso implicou também em silenciamento dos discordantes.

O rádio serviu-lhe de meio eficaz para consolidar seu prestígio junto aos mais pobres. Ele gostava de ser conhecido como "pai dos pobres", mas foi qualificado também como "mãe dos ricos".

Encarregado de legendar uma foto em que o presidente aparecia sorrindo, Paulo Mendes Campos escreveu: rico ri à toa. Eram os anos 40. As emissoras de rádio, orientadas por propaganda oficial, mandavam rodar os versos de conhecida marchinha: "Bota o retrato do velho outra vez/ bota no mesmo lugar/ o sorriso do velhinho faz a gente trabalhar".

Ao ver a foto, o próprio presidente, que era um homem rico para os padrões da época, achou graça no feito do escritor e jornalista. Nascido em 1883, tendo chegado à presidência da República, aos 47 anos, no comando da Revolução de 1930, o "velhinho", deposto em 1945, aos 62 anos, caminhava para a idade bíblica dos setenta anos quando chegou à presidência pela última vez, em 1951, de onde saiu morto pelas próprias mãos em 1954. Um padre ainda o encontrou consciente e de olhos abertos. Era o dia 24 de agosto. Hoje faz 49 anos que ele se matou!

Getúlio Vargas jamais perdia a perspectiva de quem eram seus interlocutores. Poderia falar ao lado de políticos, empresários ou militares, mas seu alvo eram os trabalhadores. Era para eles que falava.

De todos os presidentes depois da Era Vargas, Fernando Henrique Cardoso talvez tenha sido aquele que mais noção teve de que a fala do trono era dirigida a todos, não a seus eleitores, nem a seus opositores. Recebendo títulos nobiliárquicos em prestigiosas universidades europeias, punha com naturalidade um chapéu honorífico maior do que um abajur, sem perder a noção de que o gesto dizia respeito ao Brasil.

O presidente Luiz Inácio Lula da Silva, cuja simplicidade o povo tanto aprecia, não tem curso superior. Tal insuficiência não o impede de falar bem, isto é, ter o que dizer e saber como fazê-lo. A falta de escolaridade vem sendo compensada por um "saber de experiências feito". Por enquanto, nesses breves meses, algumas marcas de sua fala demandam aprofundamento. Talvez a mais evidente seja a substituição de "Brasil" por "este país". E um recurso já ficou claro no português de Lula: a metáfora. Para tudo o presidente tem uma comparação. Metáfora é transporte. Ele transporta o problema para um outro lugar onde julga poder resolvê-lo e dali apresentar a solução ao povo brasileiro. Estabeleceu, porém, curiosa exceção. Qualificou de intocável o ministro da Fazenda.

É difícil resgatar as falas dos poderosos, pois muitos deles abdicam com frequência do estilo, entregando a redação de seus discursos a pessoas que cumprem a função de antigos escribas. Por isso, os jornalistas prestam muita atenção aos improvisos do presidente e reivindicam entrevistas.

Beneficiados por uma providência dos tempos monárquicos, todos os presidentes foram entendidos em todo o Brasil. Foi o Marquês de Pombal, ministro de Dom José I, quem, no século XVIII, tornou obrigatório o ensino da língua portuguesa. As ordens religiosas, semelhando multinacionais, faziam prevalecer a língua geral.

O que é carisma?

A palavra carisma acolhe significados contraditórios. Nos albores do Português, quando ainda era feminina, seus primeiros registros aludem à "suavidade das carismas dos santos que seguem as pizadas de Jesus". (Naquela época, "pisada" era com "z", hoje é com "s". E carisma era palavra feminina).

Submetida a delicada intervenção cirúrgica, à semelhança do que fazem pessoas inconformadas com o sexo que a mãe natureza lhes deu, que mudam de sexo, também mudou o seu, passando a masculino.

As palavras alegam motivos pertinentes para tais mudanças. Mas é preciso interrogá-las adequadamente. E, no trato com elas, há quem prefira o método exposto em texto antológico pelo humorista Luís Fernando Veríssimo, um de nossos melhores cronistas, que confessou ser gigolô das palavras.

Eu prefiro o carinho e a jardinagem, deixando a botânica e o tabefe em outros canteiros vocabulares. Faço, por isso, sinceras declarações de amor às palavras, mesmo àquelas que porventura não queiram abraçar meu estilo.

Passei muitos anos admirando parágrafos de grandes escritores, mas também me fascinaram textos tidos por anônimos, como o anúncio do rum creosotado nos antigos bondes, cuja autoria é atribuída a Bastos Tigre: "*Veja ilustre passageiro o belo tipo faceiro/ Que o senhor tem ao seu lado./ E no entanto, acredite,/ Quase morreu de bronquite,/ Salvou-o o Rum Creosotado*". O poeta, embora não tenha sido exatamente um publicitário, tinha carisma para o ofício!

O carisma sempre desperta controvérsias. Não é qualidade de político impoluto. Foram carismáticos Hitler e Mussolini, Churchill e Kennedy. E entre nós, Getúlio Vargas e Jânio Quadros, entre outros.

O presidente Lula é carismático; o candidato que ele derrotou no segundo turno, Geraldo Alckmin, não. Em suma, se o político tem carisma, nenhuma força, para o bem ou para o mal, arrebata-lhe a característica. Se não o tem, ninguém consegue insuflar essa segunda alma, como fez o Criador em processo descrito na Bíblia que lembra a atual respiração boca-a-boca aplicada aos náufragos.

Em grego e em latim é proparoxítona: *khárisma* e *charisma*, respectivamente, e nas duas línguas seu significado é o de dom. No português também, mas, por sutis e misteriosas complexidades é um dos sinônimos de epilepsia.

Toda pessoa nasce com carisma para exercer determinado ofício. E se não o tem, jamais o adquirirá. Para dar um exemplo: quem tem carisma para exercer a medicina, jamais será apenas um bom médico. Será o melhor de sua aldeia, que é o mundo para todos os que precisam dele. O mundo e, às vezes, também a vida.

O senador e o botequim

O senador Aloizio Mercadante, líder do governo no Senado, ao comentar a ascensão e a queda vertiginosa do PT, exalou preconceitos contra os botequins e os supermercados. Ou ao menos equivocou-se nos conceitos do que sejam os dois estabelecimentos comerciais. O engano é ainda mais desconcertante porque o senador é economista.

Nas declarações, ele comenta os desdobramentos da questão que ninguém mais ignora: o caixa dois, criado por Delúbio Mãos-de-Tesoureiro Soares, que fez da contabilidade do PT uma caixa-preta, de cuja abertura as CPIs estão encarregadas. Disse Sua Excelência que seu partido tinha a "administração financeira e orçamentária de um botequim" e que "o PT cresceu de tal forma que passou a ser uma grande rede nacional de supermercados". O primeiro inconformado com a comparação foi Roberto Macedo, formado em economia pela USP, com doutorado por Harvard, pesquisador da Fipe-USP e ex-secretário de Política Econômica do Ministério da Fazenda, em artigo publicado em *O Estado de São Paulo* (25/08/05, p.2), intitulado *Botequins não são como o PT*.

Aos conceitos. José Pedro Machado, em seu *Dicionário Etimológico da Língua Portuguesa, com a mais antiga documentação escrita e conhecida de muitos vocábulos estudados* (Lisboa, Editorial Confluência, 1967, 2ª. edição), dá como origem do português botequim o italiano *botteghino (locale di vendita dei biglietti del teatro; banco del lotto*), de onde se conclui que nos primórdios o botequim vendia entradas para o teatro e bilhetes de loteria.

Antônio Houaiss, em seu megadicionário *Houaiss*, para cuja realização trabalharam dezenas de especialistas de todos os países lusófonos, define botequim como "estabelecimento comercial popular onde servem bebidas, lanches, tira-gostos e eventualmente alguns pratos simples; bar; boteco". E dá como origem também "o italiano *botteghino*, diminutivo de *bothega*", lojinha. Foi em Veneza que *botteghino* passou a ser pronunciado sem o "o" final, soando próximo ao botequim português. Mas *Houaiss* adita que "*o ensurdecimento do -gh-* em *-qu- terá sido por influência de* botica".

O *Aurélio* diz que botequim é alteração de *botiquim* e designa "estabelecimento comercial onde se servem bebidas em geral (bebidas alcoólicas, refrigerantes, café, etc.) e pequenos lanches; bar". Acrescenta que a palavra deriva de botica. Ora, botica, como endossa o próprio *Aurélio*, veio do latim *apotheca*, depósito, conservando sentido semelhante ao que tinha o vocábulo grego *apothéke*, que lhe serviu de origem. Acontece que *apotheca* e *apotheké*, trazidos pelo poder difusor do Império Romano, passaram a designar farmácia.

Já tinha me preocupado a origem de botequim quando fiz o verbete correspondente na coluna semanal de etimologia que mantenho na revista Caras, depois recolhido, sem os cortes habituais impostos pelas limitações naturais da imprensa, em meu livro *De Onde Vêm as Palavras* (São Paulo, A Girafa, 2004, 14ª. edição), quando o jornalista e chargista Dante Mendonça pediu-me que fizesse pequeno texto para seu delicioso livrinho, intitulado *Botecário: dicionário internacional de sobrevivência no boteco, sem mestre* (Curitiba, Edição do Autor, 2004).

Que me perdoem os dicionaristas citados, mas lhes faltou um pouco mais da intuição da língua. Conquanto pareçam contraditórios os conceitos, todas as designações são de domínio conexo e refletem dado essencial de nossa vida econômica: a bodega, quase em extinção, era armazém que vendia tudo o que o vivente precisava: açúcar, sal, fósforo, panela, faca, enxada, fumo, cachaça etc e também remédios.

Que me perdoe igualmente o senador, mas o PT caiu nessa desgraça, entre outras razões, por não ter a organização econômica e financeira de botequins e supermercados, netos dos velhos armazéns e bodegas, estruturas fundamentais da vida econômica luso-brasileira, herdadas da presença árabe e judaica na Pensínula Ibérica.

Para criticar o PT e a dinheirama que não foi contabilizada, não caluniem o botequim e o supermercado, instituições respeitáveis e indispensáveis. O PT tem pouco mais de vinte anos e é dispensável. Eles, muitos séculos, e são indispensáveis!

Odorico Paraguaçu nos tribunais

Quem escreve, seja o que for, não sendo literatura – deve guiar-se pelo lema de Churchill: "das palavras, as mais simples. Das mais simples, a menor"

Escrevo de Belo Horizonte, onde estou para, a convite do Tribunal de Justiça, falar, em sua sede, sobre o português de promotores, advogados e juízes. No auditório lotado, há também três desembargadores, todos bem-humorados, aprovando com o rosto e o menear de cabeça o que vou dizendo.

"Quem são os desembargadores?', pergunto às anfitriãs. O fotógrafo me chama para perto de sua câmera e vai identificando um por um. "Ele podia também mostrar os gordos que dava no mesmo", diz a jornalista encarregada de me entrevistar antes da conferência. Mas o trânsito do aeroporto de Confins à cidade estava um pouco engarrafado por causa das obras e cheguei em cima da hora. Deixamos a entrevista para depois.

O convite deve-se a "De onde vêm as palavras", minha participação no programa "ControleRemoto", dirigido por Dermeval Netto e apresentado semanalmente na TV Estácio, em que comentei o tal juridiquês. Um juiz viu o programa e me indicou como conferencista.

O juridiquês está com os dias contados. Ninguém mais aguenta tanta empolação. A própria presidente do STF, a ministra gaúcha Ellen Gracie, endossa a campanha contra esse tipo de linguagem. Quem, entretanto, deflagrou o combate no Brasil meridional foi o juiz Ricardo Roesler, que, em início de carreira, em 1988, escreveu em despacho ou sentença: "o réu seja encaminhado ao ergástulo público".

O delegado, formado e Direito e novo no cargo, recebeu a ordem e passou a procurar um ergástulo na pequena cidade. Perguntava a todo mundo onde ficava o ergástulo. Ninguém sabia. Dois dias depois a lei ainda não tinha sido cumprida. Ninguém encontrara o ergástulo público.

O juiz soube do ocorrido e explicou que ergástulo era cadeia. "Mas por que ele não disse antes?", perguntou um dos policiais, acrescentando: "todo mundo sabe onde fica a cadeia, mas ninguém sabe onde fica o ergástulo, que, agora sabemos, é a mesma coisa, com nome arrevesado".

Dezessete anos depois o mesmo juiz é presidente da Associação de Magistrados Brasileiros em Santa Catarina e lidera a campanha contra o juridiquês.

Eis alguns exemplos. O Supremo Tribunal Federal raramente é designado assim pelos advogados. Excelso Sodalício, Pretório Excelso, Egrégio Pretório e até um esquisito Alcândor Conselho. E sabem o que é originalmente alcândora, de onde veio alcândor? Poleiro! Os árabes chamam poleiro de ave de rapina, em geral em lugares muito altos, de alcândora. No intuito de elevar o STF nas invocações, advogados metidos a besta, sem saber, esculhambam a mais alta corte do país.

Vocês sabem o que é exórdio, preâmbulo, proêmio, peça vestibular? A simples e prosaica petição inicial de todo processo. E cônjuge supérstite, sabem? Se o marido morre – os maridos em geral morrem primeiro, viram? – você pode dizer da mulher que ela ficou, não para titia, mas para consorte sobrevivente ou cônjuge supérstite? Pois é assim que muitos advogados denominam a viúva ou o viúvo: cônjuge supérstite!

E, para terminar, só mais esta. A polícia prendeu o assassino do empresário Nelson Schincariol. Isto foi em 2005. Os advogados foram ao Tribunal de Justiça, que manteve a prisão. Mas o despacho foi tão ambíguo que o assassino foi solto: a ordem judicial não foi entendida nem pelo juiz local!

Quem escreve – colunas, sentenças, despachos, seja o que for, não sendo literatura – deve guiar-se pelo lema de Winston Churchill: "das palavras, as mais simples. Das mais simples, a menor".

Seria de um divertido horror o juridiquês, não nos desse tantos prejuízos, a começar por afastar o povo do Judiciário, onde o cidadão brasileiro pode buscar remédios indispensáveis, a começar pelos antídotos que a Justiça vem dando contra o veneno da Injustiça.

Onda republicana

Os ministros Tarso Genro e Márcio Thomaz Bastos invocavam com frequência a palavra "republicano", ao que parecia com o objetivo de restaurar precisos significados de algumas ações governamentais.

Surgiram, porém, alguns exageros de uso, vale dizer abusos, pois a palavra tem substituído "democrático", outro adjetivo para qualificar a "coisa pública", cujo fim é definir o Estado. "Republicano" veio do latim "res", coisa, e "publica", de todos, pública, contrária a "particular". A palavra "republicano" é anterior aos tempos democráticos, pois existe na língua portuguesa desde o século XV. "Democrático" chegou no século XVII, do grego "demokratikós", poder do povo, com influência do francês "démocratique".

"Republicano" está fazendo na política as vezes de "definir" na linguagem do futebol. O treinador não escala o time; define. Não marca o horário do treino; define. Não fixa o jogador em determinada área do campo; define que ele deve jogar ali.

De repente, tudo é republicano na linguagem do poder. E todas as ações do técnico estão agrupadas no verbo "definir", novo curinga da língua portuguesa.

É curioso que "republicano" tenha chegado junto com tsunâmi. "Agora é enterrar os mortos e cuidar dos vivos", respondeu o Marquês de Pombal a Dom José I, no dia primeiro de novembro de 1755. O rei português, desconsolado diante do terremoto de Lisboa, perguntara ao mais esclarecido de nossos déspotas do período colonial: "e agora?".

Ao contrário de outros soberanos europeus, que reinavam, mas não governavam, os reis portugueses, como demonstrou Raymundo Faoro em *Os Donos do Poder*, reinavam e governavam. O rei era chefe político, chefe militar, chefe religioso. Em resumo, o principal responsável por sucessos ou derrotas, era sempre o rei.

Respeito era bom e o rei gostava. Onde a autoridade triunfa e é exercida com sabedoria, as coisas vão bem. Onde para tudo é preciso consultar demais, as coisas emperram. Vocês já imaginaram a cidade de Lisboa ser reconstruída nos moldes de um orçamento participativo?

E o que Língua Viva tem a ver com isso? Muito! A língua portuguesa, ferramenta indispensável no exercício do poder e da cidadania, foi uma conquista do Marquês de Pombal. Se ele não a impusesse com a luz de seu discernimento, provavelmente não teríamos hoje uma língua comum para informar ao distinto público que dia tal, em tais horários, nesses e naqueles recintos, de tais ou quais localidades, haverá vacinação.

O Brasil, uma das maiores nações do mundo, de complexa extensão territorial e diferenças descomunais, é inteiramente coberto pela língua portuguesa. Todos nos entendemos nela.

A conquista pombalina não seria completa, entretanto, se o povo não tivesse a liberdade de amoldar a língua oficial às reais necessidades aqui vividas. O resultado é um idioma repleto de recursos de expressão, entretanto martirizado pelas altas taxas de analfabetismo e pela obsessão do brasileiro por mais ouvir e falar do que ler e escrever.

A atuação do Marquês de Pombal no terremoto de Lisboa, combinado com um maremoto devastador, lembra-nos o acerto da velha sabedoria chinesa, que designa crise e oportunidade com o mesmo ideograma.

Nossos jornalistas de plantão adotaram imediatamente a palavra "tsunami", estranha à língua portuguesa, para substituir a palavra "terremoto", registrada desde o século XIV, e "maremoto", presente na língua já no alvorecer do século XVII, mais coerentes e mais bonitas.

Ações republicanas ressurgiram em boa hora e são indispensáveis para reparar os estragos de terremotos e maremotos socioeconômicos que devastaram o Brasil. Não nos faltam déspotas como o marquês de Pombal! Precisamos de mais republicanos.

Os animais e os insultos

Tremenda injustiça perpetramos contra os animais ao utilizá-los para ofender nossos semelhantes. A anta, o cachorro, o gambá, a vaca – e seu marido, o boi – além dos muares, todos deveriam organizar-se, exigindo reparação das calúnias.

A anta, palavra que veio do árabe *lamta*, pelo espanhol *ante*, é mamífero sul-americano que pode atingir 1,80m de altura e até dois de comprimento. Foi descoberto na América do Sul no alvorecer do século XVI. Tem quatro dedos na mão e três no pé, seu peso normal é cerca de 180 quilos, mas algumas chegam a 250. Aqueles que já lhe foram apresentados, entre os quais alguns caçadores e entendidos, dizem que seu pêlo é marrom-escuro, a cauda é muito curta, o nariz lembra a tromba do elefante.

A anta vive nas matas, nas proximidades de rios e lagoas, é vegetariana, alimentando-se de frutas e folhas. Sua gestação dura 14 meses. Talvez a duração da gravidez, uma das maiores entre os mamíferos, tenha servido para engrossar o caldo dos insultos. É o caso do burro. Do cruzamento do jegue e da égua, ou do cavalo e da jumenta, nascem burros e mulas. E a gestação é mais longa. Por insondáveis motivos inconscientes, achamos que o precoce é mais sagaz. E, por analogia, aquele que demora um pouco mais é falto de inteligência.

A anta antigamente indicava pessoa sagaz, esperta, mas depois o vocábulo passou a sinônimo de tolo, como aconteceu a quem habitava a aldeia, o aldeão. E quem morava na vila, o vilão, serviu para indicar o covarde, a quem o herói sempre vence, porque é mais astucioso do que ele e luta no lado certo no clássico e eterno combate entre o Bem e o Mal.

Pobrezinha da anta! Boba, ela não é! Mas, com a urbanização do Brasil, caipiras e matutos que conviviam com a anta no meio rural passaram a ser concebidos como incapazes intelectualmente. E para isso quem os ofendia, não se sabe bem por quais razões, passou a associá-los às antas.

Mas a anta, conhecida também como tapir, entre tantos discernimentos na luta pela sobrevivência, foi precursora da engenharia brasileira. Várias de nossas estradas seguiram o traçado de seus caminhos. Aparece no livro *Minhas mulheres e meus homens*, em diálogo que o escritor Mario Prata travou com o filho, Antonio: "Fiz uma besteira qualquer e ele, com sete anos: – Pai, você é uma anta! Fiquei olhando praquele pirralho. – Ah, é? E filho de anta, o que é? Pensou dois segundos e respondeu: – 'Antonio'!".

O vaidoso urubu sucumbe ao elogio da esperta raposa. Ela quer que ele solte um queijo que traz no bico e para isso se derrama em falsas admirações, dizendo que o canto do compadre é uma maravilha. Ao abrir o bico, o queijo cai e a raposa, parente do gambá (outro injustiçado, utilizado para xingar o bêbado), se manda sem sequer disfarçar que vai ouvi-lo. Já o jabuti é concebido como animal esperto, que engana a onça.

Nas origens dessas comparações estão as complexas narrativas indígenas, associadas a fábulas europeias, em que inteligência e esperteza aparecem como se fossem a mesma coisa.

Os conchavos do conclave

Conchavo é coisa de políticos brasileiros. Em outras línguas faz-se a mesma coisa, mas designada por substantivos escritos de outro modo. Conclave é atribuição exclusiva de cardeais.

Mas conclave e conchavo têm significados muito semelhantes. Designam atos secretos, feitos a portas fechadas, com chave (*cum*, com; *clave*, chave). São atividades que têm o fim de organizar o meio social onde atuam políticos e cardeais, muito embora sobre conchavo pesem conceitos pejorativos e sobre conclave, positivos.

Raramente palavras desabonadoras frequentam as referências a conclave, a menos que provenham da boca ou da pena de anticlericais, ainda que lhes devamos a coragem de, principalmente na Idade Média e no Renascimento, porem as coisas às claras. Não raro, naqueles tempos, os cardeais utilizaram a clausura, não com o elevado propósito de fazer a escolha do novo papa livres de injunções mundanas, mas, sim, para melhor atender a projetos inconfessáveis.

A partir do Concílio Vaticano II, o anticlericalismo tornou-se flor tardia e serôdia no meio intelectual, principalmente após o empenho da Igreja nas questões sociais. Assim, nos tempos que correm dificilmente alguém dirá ou escreverá que alguns cardeais, mancomunados com outros, farão conluios com vistas a manipular os votos dos outros. Conluio, mancomunados e manipular trazem embutidas sutis complexidades que nos levam a desconfiar do substantivo (conluio), do adjetivo (mancomunados) e do verbo (manipular). Quem, mancomunado com outros, faz concluio para manipular, não obra boa coisa.

O português é ainda mais preciso e oferece a variante "outrem" nesses casos, como ocorre, aliás, em várias palavras, aparentemente neutras, mas cujos significados variam de um extremo a outro de acordo com o contexto em que são empregadas, de que é exemplo o verbo perpetrar, cujo significado é realizar, mas que aparece quase sempre designando coisa a reprovar, como nesse exemplo de Fidelino de Figueiredo, em *Entre dois universos*: "os crimes da Inquisição só transitoriamente afetaram o prestígio da confissão religiosa que os perpetrou, porque as sociedades humanas não desfrutam do privilégio aristocrático da vergonha e a sua memória depressa cansa". Se um resenhista escreve que Fulano perpetrou novo livro de versos, o verbo vem revestido de sentido que lembra o da frase 'Fulano perpetrou mais um crime". Jorge Luís Borges, entre outros, tratou, em texto jocoso, dessa arte de injuriar com palavras aparentemente inocentes.

A garantia de que no conclave a escolha do novo papa seja feita segundos irrepreensíveis rigores éticos provém do pressuposto de que os cardeais votam sob as luzes do Espírito Santo, invocado nesses termos em célebre oração católica: "a nós descei, divina luz!".

Oliveira Viana, em *Pequenos Estudos de Psicologia Social*, deu ao conclave de leigos o significado de conchavo: "é preciso que os chefes da nossa democracia abandonem o gosto por essa atividade discreta, misteriosa, invisível, passada toda ela no sigilo dos conclaves partidários".

A semana prestou-se também à comprovação de que incorrem em erro conccitual aqueles que se referem ao latim como língua morta. Nenhuma língua está morta. Muito menos o latim. João Paulo II pode ter nomeado um cardeal secretamente, *in pectore*. *Roma locuta, causa finita;* (Roma falou, a questão está resolvida); *in memoriam.* (na lembrança): eis algumas das palavras e expressões latinas "ressuscitadas" em todas as línguas.

E se o escolhido fosse um brasileiro, o conclave não seria conchavo de jeito nenhum! Dá-se conchavo apenas quando os adversários vencem. Por exemplo: se um italiano vencer, daí, sim, terá sido conchavo ("*lega*", em italiano).

PS. Depois deste pequeno texto, João Paulo II, sucedido por Bento XVI, morreu e tornou-se santo. "Santo subito", os católicos clamaram em seu enterro, e a Igreja os atendeu. Bento XVI abdicou, virou papa emérito, e foi sucedido por Francisco, que um dia será o papa Francisco I, se algum sucessor adotar o mesmo nome.

Os nomes de Lula

O presidente Lula deu conta do recado? Não daquele que lhe foi dado nas urnas, matéria de colunistas políticos, mas de mensagens embutidas nos quatro nomes que perfazem sua aura onomástica: um sobrenome (Silva), dois nomes (Luiz Inácio) e um apelido (Lula)?

Apesar de integrantes de todo governo falarem muito em democracia, algumas coisas não podem e nem devem ser democráticas. O povo não tem condições de fazer certas escolhas. E às vezes está intrinsecamente impedido de fazê-las.

A escolha do nome é um desses casos. Ninguém escolheu o nome que tem. Ele nos foi imposto, em geral por nossos pais, segundo algumas razões. É verdade que podemos alterá-lo, no cartório ou na vida.

Ao contrário do que gostam de apregoar os advogados – o que está nos autos, está no mundo; o que não está nos autos, não está no mundo – o que não está nos cartórios, está no mundo e principalmente na vida das pessoas.

Mas o que nos diz a etimologia para a origem dos nomes do presidente? Luiz, escrito também Luís, veio do francês "*Louis*", mas sua origem é o composto germânico "*hlod*" (glória) e "*wig*" (luta), como está mais claro na variante Ludovico, aportuguesamento do alemão "*Ludwig*". O nome tornou-se muito popular depois que foi canonizado o rei francês Louis IX, que na idade do presidente Lula já estava morto há muitos anos. O ex-presidente Lula nasceu em outubro de 1945 e completou 76 anos em 2021. Quando completou 60 anos, a oposição esteve interessadíssima em beneficiá-lo com a Lei dos Sexagenários, alforriando-o da presidência da República, mas ele se reelegeu e, ao deixar o governo com aprovação nas nuvens, elegeu Dilma Rousseff, que também se reelegeu, mas foi colhida por *impeachment* no segundo mandato.

Foi a fama de piedoso a principal responsável pela divulgação do nome do rei em Portugal. E recebeu ajuda de outro parente, igualmente santo, Luís de Anjou, bispo de Toulouse.

Já de Inácio, a origem é controversa. Veio do latim "*Egnatiu*", escrito "*Egnátios*" e "*Ignátios*", em grego. Tornou-se nome popular por influência de nomes de santos, como Inácio de Loyola, fundador da Companhia de Jesus. O segundo nome do presidente Lula é, pois, um mistério etimológico.

Lula, com a variante Lulu, é hipocorístico (apelido) muito comum para Luís, e seus significados não podem ser diferentes daqueles amarrados à raiz do nome.

E, por fim, Silva, veio do latim "silva", selva, bosque, mato, floresta, metáfora de lugar onde se luta arduamente pela vida, às vezes com a ajuda de cachorros. "Estar no mato sem cachorro" é expressão que designa grande dificuldade.

Getúlio Vargas, cujo destino trágico foi lembrado pelo ministro Aldo Rebelo como agouro da oposição para o presidente Lula, perguntou a um fazendeiro como ia o seu governo e ouviu em resposta uma metáfora: "o caçador é bom, mas a cachorrada..."

A etimologia comprova que o apelido, o primeiro e o terceiro nome do presidente significam luta gloriosa, mas o segundo é um mistério. E a situação indica que talvez precise substituir alguns cachorros, se quiser chegar a um final feliz na caçada que empreendeu. Os cachorros e outros animais, como os cabritos que nomeou para cuidarem de alguns gramados no Planalto.

Os pronomes no congresso

Certa vez, o senador Jorge Bornhausen, recorrendo a clássica violência verbal ("cale a boca!"), impôs silêncio a Luiz Francisco de Souza, procurador da República.

O incidente desconcertou os presentes, deixando perplexos também aqueles que ouviram ou assistiram ao episódio, transmitido pelo rádio e pela televisão, ou leram notícias e comentários em jornais e revistas. O público sempre soube que Luiz Francisco de Souza não tinha papas na língua. E nem na escrita. Frequentemente acossava altas figuras, fazendo graves denúncias.

Língua viva, este o nosso assunto. A língua pode ser afiada, comprida, venenosa, de palmo, de trapo, de sogra, negra, suja, viperina etc. O interlocutor, achando insuportável a fala do outro, pode ainda recorrer a ordens como "dobre a língua" ou "cale a boca".

Os parlamentares, porém, servem-se da língua como principal instrumento de trabalho. E sabem que é preferível um contexto em que ninguém receba ordens assim grosseiras. Entretanto, há momentos em que as regras de cortesia, no calor da hora, tomam o rumo da cucuia. Cucuia, aliás, é variante que se consolidou como norma. A expressão "ir para a cucuia" nasceu de Cacuia, antigo cemitério na Ilha do Governador, no Rio de Janeiro. É o equivalente urbano ou suburbano do "fim da picada", caminho aberto a facão na selva.

Quando termina a picada, o jeito é voltar, pois o caminhante terá ido para a cucuia. No caso das discussões exaltadas, voltar ao bom senso.

Os habituais pronomes de tratamento, de tanta delicadeza no português, ainda mais no recinto onde aconteceu o bate--boca, não satisfizeram as duas ilustres personalidades. Outrora os dois já foram meninos. E caso tivessem aquele tipo de comportamento em casa, na escola ou na rua, provavelmente educadores – usualmente, pais, irmãos, vizinhos ou amigos – tratariam de admoestá-los. E o que diriam? Provavelmente as recomendações seriam as seguintes: "não é assim que se faz", "respeite seu amiguinho", "papai do céu não gosta", enfim algumas formas fixas que a tradição luso-brasileira consagrou ao longo dos séculos e para as quais outras culturas, incluindo a de índios e negros, deram sutis e complexas contribuições, ensinando que o convívio requer o respeito mútuo.

Vindos da península ibérica, influenciados pela Igreja e pelas Cortes, os pronomes de tratamento chegaram ao Brasil, sobreviveram à queda da Monarquia e chegaram à República. Uns poucos feneceram, como é o caso de Vossa Alteza e Vossa Majestade. Outros, muito mais estranhos aos tempos republicanos, como Magnífico, para qualquer reitor, continuaram. Ou a abreviatura de Vossa Santidade, que uma instituição de crédito, por desconhecer as sutilezas do tratamento pronominal, já usou em centenas de agências, certa de que estava abreviando Vossa Senhoria.

Entre os políticos têm prevalecido pronomes que espelham respeito e consideração, de que são exemplos Vossa Excelência, Sua Excelência, Vossa Senhoria, o senhor. O senhor presidente, o senhor ministro, a senhora ministra, o senhor deputado, a senhora deputada, a senhora secretária, eis outros modelos fixos de redobradas cortesias. Até doutor, madame e amigo foram deslocados para a segunda pessoa. Eis alguns flagrantes de falas corriqueiras: “O amigo aceita um café?” “A madame não se preocupe, o motorista deixará o pacote onde a senhora quiser”. “Encho o tanque, doutor?”

Às vezes, no Congresso, elegantes pronomes de tratamento entram em recesso, substituídos por ameaças verbais e dedos em riste. Menos mal que sejam os pronomes e não o Senado e a Câmara que entrem em recesso. Antes parlamentares exaltados do que parlamentares silenciados, calados à força.

Palavras de Natal

O indo-europeu, língua falada há mais de cinco mil anos, legou várias palavras ao latim, de que é exemplo "*cena*", que o português adaptou para ceia. Designa a última refeição do dia, hoje mais conhecida por jantar.

No indo-europeu era "*kerstna*", divisão, partilha, reparte, de acordo com a raiz "*sker*", separar, cortar, dividir, que provavelmente influenciou também a palavra "*carnis*", carne, declinação de "*caro*". "*Et Verbum caro factum est*" (E o Verbo se fez carne), diz o Evangelho de São João, designando a forma escolhida por Deus para habitar entre nós.

Em nossa cultura, a ceia mais conhecida é A Última Ceia ou A Santa Ceia, a última refeição que Jesus fez com seus discípulos, com apenas dois itens no cardápio: pão e vinho.

No Natal, entretanto, a ceia não tem o significado de jantar. A raiz "*cen*" está presente também em "*cenaculum*", cenáculo, refeitório, palavra que em latim não é do gênero masculino, mas sim do neutro. E o plural "*cenacula*" designava a parte de cima da casa, espécie de sobrado.

A ceia de Natal tem suas singularidades, a primeira das quais são os convidados. O costume nasceu na Europa. Os cristãos deixavam abertas as portas das casas para que mendigos e viajantes pudessem compartilhar fraternalmente pelo menos uma refeição por ano.

O romancista polonês Wladyslaw Stanislaw Reymont, Prêmio Nobel de Literatura em 1924, em *Uma Lenda de Natal* situa sua trama na Polônia em certa noite natalina. Jesus, Judas e Pedro chegam esfomeados a uma estalagem. Eles não têm o que comer. A dona da pousada pergunta se não querem comprar um ganso.

Judas, o caixa de campanha de Jesus, é ganancioso, como se sabe. Sopra as penas da barriga da ave e pechincha no preço, dizendo que o ganso é muito magro. Jesus propõe que os três vão dormir, enquanto a ave é preparada, e como a comida não é suficiente para todos, diz que quem tiver o sonho mais bonito comerá o ganso.

No conto de Reymont, Judas, que é ruivo, come a ave enquanto Pedro e Jesus dormem. Quando o mestre pergunta qual foi seu sonho, responde com cinismo: "*sonhei que me levantava e que em sonhos comia o ganso*". O escritor conclui que esta é a razão de o povo da Polônia guardar vigília na noite de Natal.

Presépio, do latim "*praesepium*" é outra palavra do Natal. Nos primeiros séculos da era cristã, não havia presépio perto das árvores-de-natal. A figura mais popular do Natal cristão, depois do Menino Jesus, era São Nicolau, que viveu no século V, canonizado originalmente pela Igreja Ortodoxa Russa. Rezam as lendas e o folclore que dele se ocuparam que era pessoa muito bondosa e que gostava de dar presentes às crianças. Certa vez, teria posto moedas de ouro dentro das meias que três moças de vida difícil tinham estendido perto da lareira para secar. Com isso, salvou-as da prostituição.

Papai Noel veio do francês *Pére Noël,* Pai Natal. No francês, por influência do latim "*novus*", novo, transformou-se em "*nouvel*". Com o banimento do culto aos santos pela Reforma Protestante, cristãos holandeses espalharam pelo mundo a forma dialetal "*Sinter Klaas*" (*São Nicolau*), que serviu de despiste à censura. Os colonizadores norte-americanos, adaptando a pronúncia, passaram a chamá-lo Santa Claus, vinculando-o à figura de papai-noel. As roupas vermelhas, a barba branca, o gorro, o saco com presentes e o sorriso bonachão foram ingredientes acrescentados em 1931 pelo publicitário norte-americano Haddon Sundblom, numa campanha de natal da Coca-Cola.

Trenó veio do francês "*traîneau*", grafado "*trainel*" no francês antigo, baseado no verbo "*traîner*", arrastar, puxar. Designa veículo apropriado ao transporte sobre neve ou gelo, tendo esquis no lugar das rodas.

Pancadas de chuva

O verbo chover é impessoal, mas não é defectivo. A gramática prevê que possa ser conjugado em todas as pessoas. Verbo defectivo é verbo com defeito. Defectivo e defeito, assim como deficiente e défice, são palavras de origem latina: *defectivum*, *defectum*, *deficiens*, *deficit*.

Bom exemplo de verbo defectivo, frequente tropeço para nossas autoridades, é o verbo adequar. Ele é defectivo em todas as pessoas do presente do indicativo, menos na primeira e na segunda do plural: adequamos, adequais.

Mas ouvimos "adéquo", "não se adéqua", "não se adéquam" etc. Quem fala ou escreve assim, está transgredindo a norma culta do português, pois a gramática ainda não autoriza estas formas, apesar de alguns dicionários, como o *Houaiss*, registrá-las. É provável que no futuro este uso seja autorizado. À semelhança de outras leis, as leis da gramática mudam muito.

Também na meteorologia as palavras fizeram uma longa viagem. Meteorologia veio do grego, pela formação *meteoros* (o que está no alto) e *logía* (tratado, estudo). É muito conhecido o diminutivo de meteoro, meteorito, da mesma origem.

Por influência do francês *météorologie*, meteorologia deixou de significar o que significava para Platão e limitou-se na mídia à previsão do tempo. Rádio, jornais e redes de televisão têm secções de meteorologia, de onde foi tirado este exemplo: "a partir da tarde ocorrem pancadas rápidas e isoladas de chuva".

Um pau grosso, semelhante à *porra*, origem de porrada e porrete, chamava-se *palanca* em latim e era usado como alavanca. Consolidou-se no português como palanque. Nos começos da língua, palanque era um pau fincado no chão para amarrar o cavalo, o boi, a vaca. Além de animais, também escravos e prisioneiros eram amarrados ali.

Mas a palavra ganhou outros significados. Um conjunto de paus arrumados em forma de tablado tornou-se palanque também. Ninguém é amarrado ali. Ao contrário, nas campanhas políticas, os lugares no palanque são mais disputados do que certos camarins no carnaval! E temos ainda o palanque eletrônico, por metáfora criada pela mídia, que não fincou palanques nos estúdios do rádio e da televisão, mas procedeu como se o fizesse, ao organizar os debates.

Palanca, por simplificação, tornou-se *panca* no português antigo. E panca adquiriu significado diferente. De todo modo, há alguns resquícios de pau, porrete, porra e porrada na palavra. Quando dizemos que alguém "está botando panca", o que queremos dizer é que está aparentando o que não é, isto é, fingindo ter um poder que realmente não tem. Sabemos que poder tem muito a ver com bater: o cetro do rei, o báculo do papa e dos bispos, o cajado do pastor, o cassetete da polícia. E, claro, a melhor imagem é um rei sentado no trono, com o pau (cetro) na mão!

De panca veio pancada, pela ideia de batida. Assim, temos as pancadas do coração, do sino, do relógio etc. Nas brigas de rua, uma pancada na cabeça deixava a pessoa tonta ou louca de dor e por isso pancada passou também a sinônimo de maluco.

A pancada de chuva, como o verbo chover, também é impessoal. Mas, ao contrário de outras pancadas, pode ser prevista. Nossas autoridades não fazem previsão de outras pancadas que podem ocorrer, chovendo ou não, mas as brigas de rua, as desordens e os motins foram resumidos pelo povo em linguagem de meteorologia, pois diz-se, quando ocorrem, que "fechou o tempo", com chuvas (sangue) e trovoadas (tiroteio, bordoadas).

Muito religioso, o povo brasileiro diz que as pancadas de chuva são obra de São Pedro, porteiro e mandachuva do Céu.

Para entender os invejosos

A inveja aparece pela primeira vez na língua portuguesa no século XIII. Não se escrevia inveja ainda, mas "invega", "enueia", "enveja".

A primeira forma, no plural "invegas", aparece na *Regra de São Bento,* que integra a coleção de inéditos portugueses dos séculos XIV e XV, copiados das traduções feitas por monges cistercienses, assim chamados por causa do nome da ordem religiosa à qual pertenciam, a de Cister, na Borgonha, região leste da França. Como se sabe, os beneditinos fizeram escola com sua *Regra,* que inspirou os regulamentos de muitas outras ordens religiosas.

É um documento simples, mas teve importância decisiva na história da Europa ao prescrever modalidades de disciplina e aplicação no trabalho, de acordo com a máxima *ora et labora* (*reza e trabalha*). O binômio continua dando certo ainda hoje, 1457 anos depois da morte de São Bento (480-547) que "mesmo morto, continua a falar", tendo sido declarado padroeiro da Europa pelo papa Paulo VI.

As variantes "enueia" e "enveja" devem-se às formas de se grafar o som de "j" por influência do latim, onde o "j" tem som de "i", e por equivalerem na grafia o "v" e o "u". Quem utiliza o vocábulo é Dom Diniz, o Lavrador (1261-1325), rei e trovador português, filho da rainha Dona Brites, aquela que nascera com rabo, marca dos descendentes da casa de Gusmão, que, segundo as superstições portuguesas, gerara vários filhos com cauda.

Aliás, a fama ganhou tal domínio público que a primeiro de agosto de 1569 o décimo-sexto rei de Portugal, Dom Sebastião, o Desejado (1554-1578), mandou abrir todas as sepulturas dos reis no Mosteiro de Alcobaça para verificar se o falatório do povo tinha procedência. Mas como não podia admitir o verdadeiro motivo em documento oficial, alegou que o objetivo era examinar o estado de seus corpos. De todo modo, comprovou-se falso o dito popular que provavelmente se originara da moda introduzida em Portugal pela rainha, que usava vestidos de cauda, até então desconhecidos dos súditos.

Foi quando rabudo trocou de sentido porque vestes longas eram usadas por gente bem posta socialmente, fossem mulheres ou homens. Elas, com vestidos longos e enfeitados de caudas, popularmente denominadas rabos. Eles, com casacas ou fraques, de longas abas traseiras. Ademais, rabo, em Portugal, não tem o mesmo sentido. Numa loja de vestuários o cliente pode pedir um casaco que lhe cubra o rabo. No Brasil, seria chulo. Para os invejosos, as pessoas de sucesso são apenas rabudas, isto é, não fizeram por merecer o êxito.

Acabo de ler um delicioso livro sobre os pecados capitais. O título é *Pecados*, de Eliana Yunes e Maria Clara Lucchetti (org). Nele, Jesus Hortal, padre da Companhia de Jesus, aceita a definição clássica de que a inveja é a tristeza pelo bem alheio e diz que não pode existir inveja no bom sentido. A inveja tem sempre um sentido prejudicial para quem a pratica.

O escritor e filósofo Leandro Konder afirma no livro: "o invejoso é uma pessoa destrutiva" e que "a motivação do invejoso é possuir o que outro tem para exercer poder sobre os demais". O jornalista Zuenir Ventura, no livro *Inveja, o mal secreto* conclui que a inveja acaba destruindo o próprio invejoso, corroendo o seu coração com o desgosto de contemplar o bem do próximo.

A inveja antecedeu a vida em sociedade e foi o segundo pecado do mundo: Caim teve inveja de Abel e matou o próprio irmão. Kant escreveu que "há algo, na infelicidade de nossos melhores amigos, que não nos desagrada completamente". O homem chegava a viver mais de 900 anos, antes do dilúvio. Entre Noé e Abraão passou a viver de 200 a 600 anos. Deus, então reduz para pouco mais de um século a existência de sua criatura neste vale de lágrimas: "o homem é carne e não vai durar mais do que 120 anos".

A escritora Marina Colassanti, comentando as sutis diferenças das manifestações da inveja entre homens e mulheres, escreve: "um homem não morre de inveja quando vê o BMW novo do seu sócio. Ele pensa imediatamente que o sócio o está roubando, vai rever a contabilidade da empresa". Feito isso, compra uma BMW superior à do sócio. E então é a vez do sócio verificar se o parceiro não o está roubando. Conclui Marina: "a sociedade alimenta um sentimento que repudia. E só o reconhece e estigmatiza quando lhe convém". Por exemplo, esta propaganda de uma nova cozinha, estampada numa revista feminina: "as suas vizinhas vão morrer de inveja".

Tudo no próximo irrita o invejoso. Pior ainda para ele se o invejado não der importância à sua dor. Ele se sente injustiçado. Sofre tanto e o semelhante não se comove com a dor que inflige ao outro com o seu sucesso? Ou com aquilo que o invejoso classifica como sucesso, já que não vê os tombos que o semelhante leva, vê apenas os porres que ele toma.

A nossa grande paixão é a do conhecimento. Foi isso, porém, que levou Deus a expulsar Adão e Eva do Paraíso. "Podeis comer do fruto de todas as árvores, menos da árvore do conhecimento". Conhecer e compreender o invejoso é uma das tarefas mais difíceis desta vida, sem contar que você não pode concordar com ele. Para agradá-lo, você precisa fracassar. Você o contentará, enfim? Não! Daí ele estenderá sobre você uma forma indesculpável de superioridade, aquela estranha piedade que só aparece quando você é derrotado.

Em suma, que o invejoso sempre tenha motivos para invejá-lo. Que jamais possa ter pena de você. Que tenha raiva, outro pecado capital. Aliás, todos os pecados capitais se parecem. O avarento é guloso, come demais por ser infeliz, fica com inveja e raiva dos que sabem se moderar, entrega-se à luxúria e enfim à preguiça, trabalhando cada vez menos. Os outros, que trabalham duramente ao seu redor, vão subir na vida e lhe darão cada vez mais motivos para que ele tenha inveja deles. Não há saída deste círculo vicioso.

Qual é o remédio? O mesmo que São Bento recomendou: "*ora et labora* (*reza e trabalha*). Rezar é pedir. Peça a qualquer força sobrenatural em que você acredite que o proteja. Carregue sal, alho ou cartão de crédito no bolso. Pendure o santo ou símbolo de sua proteção no pescoço, junto com o anel, na pulseira do relógio, no *piercing*. E trabalhe. Porque contra o invejoso nada se pode fazer. Mas principalmente não o tema. Ele se destruirá sozinho. Esta é a lei da inveja: o invejoso não destrói o outro; destrói a si mesmo.

Parece, mas não é

"*Assim é, se lhe parece*", título de uma peça de Luigi Pirandello, é também bordão para encerrar um conflito verbal que desaba sobre nós, transformando-se no que disse do amor Luís de Camões, depois musicado pela *Legião Urbana:* "é fogo que arde sem se ver;/ é ferida que dói e não se sente;/ é um contentamento descontente;/ é dor que desatina sem doer".

Pois arde, dói, descontenta e desatina verificar que personalidades de nossa vida cultural, política e econômica tropeçam tanto na língua portuguesa, fazendo tristes confusões de significado com palavras assemelhadas, às vezes homófonas, mas não homógrafas.

Homófona é palavra que tem o mesmo som de outra, entretanto com sentido e grafia diferentes, de que são exemplos censo (dados estatísticos) e senso (juízo, opinião), concelho (divisão de distrito) e conselho (recomendação), incerto (duvidoso) e inserto (incluído), arrear (encilhar o cavalo) e arriar (abaixar). Já "sedo", do verbo sedar, é pronunciado com o "e" aberto, "sédo". E "ceda", imperativo do verbo ceder, é pronunciado com o "e" fechado, como em seda (tecido).

Homógrafa é palavra que tem o mesmo som e a mesma grafia de outra, mas significado diverso, de que são exemplos "cedo" (do verbo ceder) e "cedo" (começo do dia). A pronúncia de vogais abertas e fechadas obedece a certas variações dialetais do português falado no Brasil. E tais diferenças, se causam estranheza mútua, não impedem o entendimento. Gaúchos, paranaenses e catarinenses, de forte presença na vida brasileira, desconcertam os interlocutores de outros Estados, ao pronunciarem "Brasil" com o "l" final sem som de "u" como em 'Brasíu", além do carregado "r" forte que falantes de outras regiões tão docemente suavizam.

O Brasil é cosmopolita, mas a maioria de seus políticos é provinciana, sobretudo nos atos de fala e de escrita. São criticados por serem monoglotas (falam e escrevem apenas em português), mas este não é o problema. Grandes estadistas também o são, falam e escrevem apenas na língua de seu país. O problema é o modo como os nossos falam e escrevem em português.

Depois de errar tanto em português, agora erram também em espanhol, como aconteceu com o novo passaporte brasileiro, integrado ao Mercosul (pronunciaremos "Mercozul", já que não dobramos o "s"?), em que um esperto, mas não experto, depois de ofender a língua de Camões, vilipendiou também a de Cervantes, cometendo cinco erros de espanhol em três linhas!

É assustador: quem assim escreve, toma decisões que afetam a vida de todos nós!

Pecados da crase

Para suprir deficiências escolares no ensino do português, vários intelectuais estão publicando livros que ajudam a falar e a escrever melhor. Alguns volumes resultam de colunas mantidas semanalmente em jornais e revistas. Outros professores têm ido ao rádio e à televisão com o fim de atender à demanda, que, aliás, é muito alta. Já não são poucas também as empresas que recorrem a profissionais que lhes prestam consultoria e apoio na forma de palestras, oficinas e cursos curtos.

Sérgio Nogueira Duarte da Silva, que me antecedeu aqui no Língua Viva, vem fazendo um trabalho notável nessa área e publicou um livro indispensável. Trata-se de *O Português do dia a dia: como falar e escrever melhor* (Editora Rocco, 298 páginas).

Ambos fomos alunos de Guilhermino César, um professor que, por excesso de modéstia, se ocultou no Brasil meridional de tal forma que seu talento não chegou a merecer a devida atenção. Tantos se vangloriam de tão pouco, ele passou a vida mantendo incompreensível silêncio sobre seus livros. Fascinava-o a prosa, o verso e o ensaio alheios.

Foi dos melhores professores que o Brasil já teve. Doutor *honoris causa* pela Universidade de Coimbra, não era o tipo de docente que depois se tornou dominante no Brasil, com mestrado e doutorado. Ao contrário, Guilhermino César ensinava língua portuguesa e suas literaturas, além de outras disciplinas, como quem ensinasse música de ouvido. E citava pelo prenome Graciliano Ramos e Cyro dos Anjos como quem citasse colegas de bar. Carlos era Carlos Drummond de Andrade, que, aliás, escreveu belo poema sobre o amigo: *Sequestro de Guilhermino César.*

Sérgio Duarte Nogueira da Silva trata de temas relevantes e muito pertinentes com exemplos claros, didáticos, no melhor sentido que tais adjetivos qualificam o ato de ensinar. Tomemos o exemplo da crase. Ilustra os conceitos com frases simples. Na página 143, faz um elenco de casos em que a crase não pode ocorrer. E ensina: "é impossível ocorrer crase: I – antes de palavras masculinas: "Viajou a serviço, gostava de andar a cavalo". II – antes de verbos: "começou a redigir, prefiro isso a aceitá-lo na empresa"; III – antes de artigos indefinidos: "referia-se a uma antiga lei, ofereceu prêmio a uma velha funcionária". IV – antes de pronomes indefinidos: "entregou o livro a alguém, sempre se refere a qualquer funcionário". V – antes de pronomes demonstrativos: "estamos atentos a essa tendência, ofereceu prêmio a esta aluna aqui". VI – antes de pronomes pessoais: "ofereceu o prêmio a mim, entregou a ela tudo que pediu". VII – antes de pronomes de tratamento: "entreguei o documento a S. Exa., ele disse a V. As. que não viria". VIII – antes de palavra no plural (quando o "a" estiver no singular): "não obedecia a leis pouco conhecidas, o desentendimento levou-o a situações constrangedoras". IX – antes de substantivos repetidos, nas locuções adverbiais: "ficou cara a cara, está frente a frente". X – antes de qualquer nome feminino tomado em sentido genérico ou indeterminado, isto é, sem artigo definido: "não fui a reunião nenhuma, ela é candidata a rainha do carnaval". Sérgio explica que "não fui a reunião nenhuma" equivale a "não fui a encontro nenhum". E que não há crase em "ela é candidata a rainha de carnaval" porque se substituirmos "rainha" por "rei", temos que dizer "ele é candidato a rei do carnaval" e não "ao rei do carnaval".

Simples, claro, objetivo, repleto de exemplos, o livro é de grande ajuda para todos os que têm interesse em, por razões profissionais, por consciência ou por gosto, aperfeiçoar uma ferramenta de trabalho e um instrumento de exercício da cidadania, a língua portuguesa.

Pero Vaz também encriptou

Padres e letrados batizaram o Brasil. No alvorecer do século XVI, rodeado de católicos, nosso primeiro autor escreveu famosa Carta em português. Mas pensava que estivesse numa ilha, a Ilha de Vera Cruz. Vera, sinônimo de verdadeira, para diferenciá-la da outra cruz, a da Reforma.

A leitura de nossa Certidão de Nascimento traz algumas complicações. Que não seja heresia de escritor, mas Pero Vaz de Caminha precisa ser traduzido.

Aqueles antigos navegantes já conviviam com palavras de diversas línguas, encarapitadas na Carta. Transportar palavras é sina de quem viaja. E elas podem mudar de significado a cada porto.

Os atuais internautas, de vocabulário tão reduzido, ainda que navegando em outros mares, também trazem palavras cujo significado às vezes nos soa estranho.

Veja-se o recente exemplo do verbo encriptar. Naturalmente, o internauta que encripta, também encarapita. Encarapitar é elevar, pôr no alto. A palavra foi suavizada. No nascimento, foi pronunciada "encarrapitar", isto é, semelhar o carrapito, subir, fixar-se no alto.

O carrapito designa o chifre do cabrito e o feixe de cabelos, estejam estes últimos amarrados em cima da cabeça ou na nuca. Neste caso, ganha o popular nome de rabo, do latim *rapum*, designando originalmente o caule de uma planta. Mais tarde, deixando o pomar e o quintal, tornou-se sinônimo de cauda. Daí a designar o feixe de cabelos com a aparência do rabo dos animais foi um pulinho.

Os modernos internautas, encarapitados em outras naus, os computadores, encriptam. Mas encriptar é pôr na cripta? Cripta, que no português do Brasil tem o significado de caverna, gruta, grota, galeria subterrânea, veio do grego *krypte*, palavra assemelhada com o verbo *krypto*, esconder.

Antes de chegar ao português, a cripta grega (*krypte*) fez escala na cripta latina (*crypta*). Quando a palavra gerou encriptar, por influência do latim do império, o inglês *encrypt*, virou sinônimo de criptografar, escrever em caracteres de significados conhecidos de poucos, vale dizer, esconder o significado nas galerias, nas grotas ou nas grutas das palavras.

Lida hoje, a escrita da Carta parece criptografada. Ou encriptada, como diriam os internautas. "Trouxeram-lhes vinho em uma taça", escreve Caminha. "Mal lhe puseram a boca; não gostaram dele nada, nem quiseram mais".

Vinho, taça e boca são nossos velhos conhecidos. "Trouxeram-lhes água em uma albarrada". E agora? A água estava misturada com barro? "Apenas lavaram as bocas e lançaram-na fora". Acostumados a beber água limpa e fresca, os índios recusaram a água da vasilha de barro. Tinham água melhor em terra.

"E pescaram lá, andando alguns marinheiros com um chinchorro". Chinchorro, rede para pescar, veio de chincho, do latim *cingulus*, utensílio doméstico para apertar o queijo e espremer o soro. Mas na pecuária tornou-se feminino e, em vez de espremer o soro, serviu para apertar a barriga do animal com o fim de fixar os arreios. Feita de barbante, a chincha semelha uma rede.

Desembarcaram em "esquifes", mas eram barcos e não caixões de defuntos. "É a terra por cima toda chã e muito cheia de grandes arvoredos, muito chã e muito formosa". Com o português ainda muito próximo do espanhol, provavelmente alguns marinheiros pronunciassem "tchã". E talvez por terem aportado justamente à Bahia, nossos destemidos navegadores seguraram ali o "tchã" pela primeira vez, seguindo o conselho de futuro grupo musical: "Tudo o que é perfeito a gente pega pelo braço, joga lá no meio, mete em cima, mete em baixo, depois de nove meses, você vê o resultado".

Faz mais de cinco séculos e todos podem ver o resultado. A língua e o povo são os pontos altos.

Por que escrevemos?

Por que escrevemos? São muitos os motivos, mas escrevemos para pedir (1), reclamar (2), ordenar (3), receitar (4), advertir (5), agendar (6), pedir socorro (7), dar avisos (8), contar histórias (9) e expressar o que sentimos (10), em prosa ou em poesia, nem que seja para nós mesmos, como no caso dos diários.

É o que dizem Cristóvão Tezza e Carlos Alberto Faraco num livro que os professores de língua portuguesa não devem ignorar. Romancista de reconhecidos méritos, o primeiro é doutor em letras pela USP. Autor de ensaios importantes, o segundo, ex-reitor da UFPR, é doutor em linguística pela Salford University. Os dois são professores universitários.

Publicado pela Editora Vozes, *Oficina de Texto* desperta o interesse do leitor logo nas primeiras páginas. Se os autores vão ensinar a escrever, que comecem pelos requisitos básicos, a objetividade e os exemplos.

Ei-los. De (1): “será que você podia devolver o livro que eu te emprestei?”; de (2): “acho que você não deveria ter faltado ao nosso encontro”; de (3): “é proibido fumar!”; de (4): “5 ml de Simancol gotas, 6/6 horas”; de (5): “Júpiter em conjunção com Saturno não aconselha passeios de taurinos”; de (6): “segunda, dia 7: “ir ao banco; cortar cabelo; compra lixa de unha”; de (7) “socorro!”; de (8): “mãe, a chave está na segunda gavetinha”; de (9): “quando Paulo abriu a porta, descobriu que a casa havia sido assaltada”; de (10): “querido diário, hoje estou muito triste”.

Talvez sejam até exagerados os cuidados que tomam para absorver o tom coloquial da norma culta, mas o resultado é que, assim procedendo, obtêm imediatamente uma receptividade extraordinária dos leitores. No exemplo de (1), não fazem a concordância, errando de propósito, pois no coloquial, o pronome "você" é segunda pessoa, embora seja classificado como terceira nas gramáticas que os estudantes são obrigados a consultar e a seguir quando escrevem: "você poderia devolver o livro que eu te emprestei?"

Em (4) escrevem "simancol", um remédio que não existe na farmacopeia brasileira e que, no sentido metafórico de autocrítica, os dicionários registram "semancol", palavra construída a partir de um verbo "mancar", reflexivo na gíria: alguém se mancar é perceber que está sendo inoportuno. De tal capacidade, o indivíduo extrairia a poção mágica "semancol", escrita "simancol" pelos dois autores.

Em (5), para explicar a função do verbo advertir, inventam um trecho que parece extraído da seção de horóscopo: "Júpiter em conjunção com Saturno mão aconselha passeios taurinos".

Utilizado como substantivo para identificar nascidos sob o signo de Touro, "taurino" foi tomado aqui como adjetivo, como, aliás, procedeu Junqueira Freire nesses versos de *A Velhice do Padre Eterno*: "*Inunda-lhe o suor oleoso a testa bronca, / O cachaço taurino e as papeiras*".

A conclusão dos autores, no primeiro capítulo, é perfeita em sua simplicidade: "escrevemos para resolver problemas". E oferecem aos professores que ensinam português o melhor de todos os recursos didáticos: um livro!

Portugal e Brasil: viva a diferença!

Em Portugal, o tira-cápsulas substitui o saca-rolhas. Água sem gás é água lisa. Impressão digital é dedada. Celular é telemóvel. Os jogadores entram em campo vestindo camisolas. As aeromoças são hospedeiras ou comissárias. Nas praias, nada do neologismo *topless*, mas, sim, maminhas ao léu.

No Brasil, que inventou o avião e a aeromoça, a comissária veio depois. O ofício contava com hegemonia feminina, mas, quando chegaram os aeromoços, logo foram denominados comissários. Por concordância, irrompeu a comissária.

Em todas as cidades, especialmente em Lisboa, quem varre as ruas não são os garis, são os almeidas. Já em terras lusitanas, admirado você contemplou o vôo veloz de pequena ave apodiforme e troquilídea, cujo alimento é o néctar de flores e insetos minúsculos. Como denominá-la? Bem, chamar assim o passarinho equivale a dizer de esfuziante beldade de lindos seios que suas glândulas mamárias são muito bonitas. Melhor, pois, chamar o colibri ou o cuitelinho de beija-flor, como todos o conhecem.

Todos? Em Portugal, não. A língua é a mesma, nossa amada portuguesa, mas em além-mar a avezinha não beija as flores, chupa-as. E por isso é conhecida por chupa-flor.

O poeta Gregório de Matos, escrevendo na Bahia, no século XVII, preferiu pica-flor, só para o gosto do trocadilho licencioso com que respondeu a certa monja que debochava de sua magreza e pequena estatura: "*Se Pica-Flor me chamais,/ Pica-Flor aceito ser,/ Mas resta agora saber,/ Se no nome que me dais,/ Meteis a flor que guardais/ No passarinho melhor!/ Se me dais este favor,/ Sendo só de mim o Pica,/ E o mais vosso, claro fica,/ Que fico então Pica-Flor*".

Cauteloso, você levou durex consigo? Cuidado com os dois. Com a camisinha, lá conhecida por durex, e com o pronome. Nem lá nem cá você poderá errar o uso. Não vá fixar papel algum com durex em Portugal. E saiba que, se aqui o durex tem um gênero e uma finalidade, lá pode variar de gênero, mas jamais de finalidade. Quanto ao pronome "consigo", saiba que os portugueses têm para ele um viés todo especial e excessivamente lógico para os brasileiros.

Também o nome das refeições evidencia algumas singularidades e já demandou maiores cuidados antigamente, de que é exemplo o jantar. O latim vulgar *jantare*, variação de *jentare*, relacionado com jejum, entrou para a língua portuguesa em 1111, mas não designava a última refeição do dia. Ao contrário, o jantar foi originalmente almoço e não tinha o sentido de refeição, mas de imposto de vassalagem, pago ao senhor em viagem, sobretudo quando em busca de subordinados que tivessem alocado sua força de trabalho a outros senhores.

No português arcaico, por tais razões, jantar era designado também *comedura, comedoria,* exceto quando os hóspedes compulsórios eram eclesiásticos. Daí a palavra equivalente era visitação, parada, procuração, censo, direito pontificial.

O primeiro rei português, dom Afonso Henriques, já metia a mão nos bolsos dos vassalos e fixou os valores de jantar e parada a todos os moradores das vilas, ainda que não fossem visitados, estipulando-os em dois pães, um de trigo e outro de centeio, um almude de cevada e outro de vinho. Em resumo, antes de ser almoço, o jantar foi um imposto. Bem diria o célebre economista muitos anos depois que "não existe almoço de graça". Nem jantar. E nem pequeno almoço, que é como os portugueses denominam o café da manhã, o desjejum.

Que não nos tomem por arrogantes os nossos irmãos portugueses, que nos deram esta maravilhosa e deslumbrante língua portuguesa, mas nós suavizamos e embelezamos a herança.

Café da manhã é mais poético do que desjejum ou pequeno almoço. Começaremos o dia muito melhor com café da manhã.

Português para inglês ver

Nossos governos apregoaram ao longo de décadas avanços impressionantes na guerra contra o analfabetismo. Os leitores da faixa otária deste cronista já devem ter ouvido, visto e lido muitos programas que prometiam levar o Brasil ao analfabetismo zero. Nossa geração não pertence, pois, a nenhuma faixa etária e, sim, a alguma faixa "otária", pois, à semelhança do que recomendou o apóstolo São Paulo, combatemos o bom combate, privamo-nos de muitas coisas e aguardamos que nossos maiorais conduzissem o Brasil a seu glorioso destino. Qual era, mesmo, hein?

Apoiadas em números, várias foram as autoridades que proclamaram ter melhorado a nossa calamitosa situação na Galáxia Gutenberg. E, como sempre acontece com os que se jactam de tudo, brandiram estatísticas para levar à rendição qualquer crítico. Mas eis que de repente, não mais que de repente ou não mais que Vinicius de Moraes, lemos uma notinha perdida num canto de página de um jornal. Num dos mais desenvolvidos Estados da Federação, certa mãe, inconformada com o fato de o filho, pimpolho, rebento ou que outra designação se aplique ao seu galalauzinho, não saber ler, resolve apelar aos tribunais. Que alega a indigitada mulher no processo? Que a qualidade do ensino era tal que o adolescente sequer aprendeu a ler e a escrever, passados oito anos nos bancos escolares.

Nosso ano letivo é uma lindeza. Até recentemente tinha apenas 180 dias. Isto mesmo, seis meses, metade do ano. Mas apenas em meio período. O ano tem 365 dias, mas devem ser descontados os sábados, os domingos, os feriados, os dias disso, os dias daquilo, o carnaval, as férias e, claro, como lembrou outro dia Augusto Nunes, os pontos facultativos. Se as escolas dessem aulas durante 90 dias em período integral, já atenderiam ao que prescrevem as leis. Está bom assim? Não. Há mais. O professor tem direito a faltar a 25%. Os alunos, a outros 25%, pois a isonomia e a paridade são bandeiras que jazem alevantadas há décadas! Se docentes e discentes combinarem faltar em dias diferentes, com um mês e meio de aula estará cumprido o ano letivo.

Quer dizer, o quadro não é assim em todo o Brasil. Mas vigora em muitos rincões de nossa pátria, sem exagero, um quadro de tintas semelhantes ao descrito. O ensino fundamental e médio é para inglês ver. E as hordas que destruíram o ensino público nessas esferas investem há anos contra os muros dos *campi*. O grande milagre educacional brasileiro tem o seu lugar e a sua hora em nossa História. Temos um sistema universitário que se destaca em docência e pesquisa. Mas onde e como? Quantos são os arquipélagos onde reina a qualidade? E até quando? O que sabemos é que são territórios sitiados.

E mesmo onde a qualidade de pesquisa é destaque – nas ciências exatas, por exemplo – a língua portuguesa é tratada a pontapés. *Papers* substituem artigos, textos, relatórios. Nossa língua apresenta um verdadeiro arsenal de expressões, temos palavras para tudo, mas o latim do império, o inglês, irrompe aqui e ali com uma frequência assustadora, às vezes acompanhado de um séquito de mercenários de outras línguas, pois é chique inserir também algumas prebendas de francês, italiano e - para espíritos mais afeitos ao *cult* - de alemão ou de qualquer outro idioma que não seja o nosso.

Muitos luminares não fazem intervenções em congressos. Fazem colocações. O galináceo certamente teria melhor desempenho e provavelmente mais pudor, pois as aves fazem suas colocações em ninhos ou granjas, pagando algum tributo ao recato. Proeminentes figuras públicas não pensam sobre alguma coisa. Pensam de quê. "Eu penso de que o companheiro comete um equívoco."

Nos congressos - ou, quem sabe, nos eventos, pois tudo virou evento - muitas são as estrelas acadêmicas que proferem seus atos de fala num desjeitoso português, repleto de torneados herméticos, que parecem contrariar a proverbial recomendação do velho Chacrinha, o doutor Abelardo Barbosa, que estava com tudo e não era prosa: "quem não se comunica se trumbica".

Sim, há vários indícios de que as línguas do Brasil destinam-se, nos casos aludidos, ao velho dito que a tradição consagrou: para inglês ver. A velha frase foi dita pela primeira vez em 1808, quando a família real chegou ao Brasil, então ainda colônia de Portugal. A cidade de Salvador, nossa capital, estava iluminada e Dom João VI comentou que aquela recepção festiva demonstrava aos ingleses, aliados e protetores dos portugueses, que os brasileiros recebiam-no calorosamente. Virou, depois disso, símbolo de burla nacional ou internacional, sempre de grandes proporções, em que são utilizados vistosos aparatos para enganar. Alguns historiadores dizem que a frase pode ter nascido também da fingida vigilância com que os navios brasileiros procuravam navios negreiros. Faziam isso apenas para agradar aos ingleses, que haviam proibido o tráfico de escravos.

Quer dizer, nossos fingimentos são antigos. Proclamamos que a língua oficial do Brasil é uma. Mas como a tratamos? Sendo nossa mãe, patrimônio público, marca de identidade nacional, ferramenta de trabalho, instrumento de cidadania e meio de expressar a nossa vida, merece maiores cuidados. Se nada pudermos fazer por ela, respeitemos pelo menos as relações de parentesco. Afinal, já é antigo o mandamento "honrar pai e mãe". Do contrário, daremos razão ao Barão de Itararé: "de onde menos se espera, dali mesmo é que não sai nada."

Preguiça desgramada

"Dá uma preguiça desgramada", disse o então presidente Lula sobre o ato de ler, ao inaugurar a Bienal do Livro, em São Paulo.

Os jornais repercutiram a declaração no dia seguinte, dedicado ao índio. Ler seria, então, entretenimento de silvícola, mais conhecido como programa de índio? Não, o presidente usou outra de suas célebres metáforas e comparou a leitura indispensáveis caminhadas de adultos sedentários.

Ano passado, no primeiro semestre, havia excessiva indulgência com as gafes do presidente, motivada pela inédita chegada de um ex-operário à presidência da República. Naqueles primeiros dias, nem isso se poderia dizer, ex-operário, sem que olhares à sorrelfa, telefonemas repreensivos e outras duras mensagens corretivas tentassem reeducar a quem ousasse vituperar qualquer declaração de Lula. Era vigilância exagerada sobre quem tem o direito e o dever de escrever com liberdade.

O dever da liberdade? Isto mesmo! Quem escreve, tem, não apenas o direito à liberdade, mas também o dever de exercê-la em seu ofício. O cineasta Luís Buñuel tratou da questão com ironia num filme desconcertante, intitulado justamente *O Fantasma da Liberdade*.

A chegada de Lula à presidência da República deixou tão desarrumados os modos clássicos de criticar, que somente os mais preparados garantiram a sobrevivência do requisito básico de quem escreve: a liberdade.

Somos, porém, um povo ciclotímico, que alterna generosidade e clemência, maldade e insensatez. Às vezes, é proibido elogiar. Outras vezes, é proibido reprovar. Ora, a crítica isenta pressupõe endossos e recusas. Os recentes eventos da Rocinha, a execução de prisioneiros em Rondônia e a chacina de garimpeiros na Amazônia oferecem contrapontos problemáticos aos defensores de nossa proclamada cordialidade.

Chico Buarque e Ruy Guerra resumiram a alma brasileira nestes versos de Fado Tropical: "Mesmo quando as minhas mãos estão ocupadas em torturar, esganar, trucidar,/ Meu coração fecha aos olhos e sinceramente chora..." (...) "E se a sentença se anuncia bruta,/ Mais que depressa a mão cega executa,/Pois que senão o coração perdoa".

Este contraditório espírito nacional baixou sobre nossa imprensa, antes compassiva com as gafes presidenciais e agora rigorosa com o presidente Lula. E, no caso, ocupando-se de seu português, alguns jornalistas tacharam como gafe a expressão que ele utilizou ao comparar o ato de ler com o de fazer ginástica.

Outra vez perderam a medida. Lula não cometeu gafe. Ao contrário, utilizou um eufemismo para evitar uma palavra mais pesada. O eufemismo consiste em suavizar a dureza de palavra ou expressão. Foi o que presidente fez. Em vez de dizer que "dá uma preguiça desgraçada de ler", disse que "dá uma preguiça desgramada".

Invocações a eufemismos ocorrem em outras esferas do poder, inclusive no Legislativo, onde ele um dia enxergou, sem eufemismo nenhum, "trezentos picaretas". Ali, as ilustres personalidades utilizam abundantes eufemismos. Com efeito, não mentem; faltam com a verdade. Não caluniam; exageram nas acusações. Não corrompem; pedem favores a parentes, amigos e conhecidos Não perseguem subordinados; apenas extrapolam ou exorbitam de suas funções. Não são tampouco arapongas. Ao bisbilhotar a vida alheia, atendem ao interesse nacional.

O uso de metáforas e eufemismos não substitui o conhecimento da língua. Em vez de "ele morreu", diz-se que "esticou as canelas". Mas depende do contexto e dos envolvidos. De um político não se diz isso, nem que "abotoou o paletó". Recomenda-se "ele deixou a vida para entrar na História".

Atos e falas do presidente Lula, muito repetitivo em suas metáforas, indicam que ele ouve muito, mas lê pouco.

Programa de índio, serviço de negro

"Nem se pode dizer que são feitas para inglês ver", escreveu Machado de Assis sobre as posturas municipais, no longínquo 1893. "Para inglês ver" é uma dessas expressões que se incrustam no repertório nacional e passam a sintetizar um conjunto complexo de significados.

Quem a proferiu pela primeira vez foi dom João VI, ao chegar à Bahia, no entardecer de 22 de janeiro de 1808. Ele fugia dos franceses, que tinham invadido Portugal no ano anterior. Registrar a partida, no ano de 1807, seria indicar uma fuga vergonhosa, segundo alguns historiadores. Para outros, uma retirada estratégica, bem típica da criatividade do gênio português. Registrar a chegada consolida um significado positivo. Com efeito, com a vinda da família real para o Brasil, a matriz e a colônia foram preservadas da sanha de Napoleão.

A cidade de Salvador, então capital, estava iluminada e o rei comentou que aquela recepção festiva demonstrava aos ingleses, aliados e protetores dos portugueses, que os brasileiros recebiam-no calorosamente.

Mais tarde, a frase se transformaria em símbolo de burla nacional ou internacional, sempre de grandes proporções, em que são utilizados vistosos aparatos para enganar. Alguns historiadores dizem que a frase pode ter nascido da fingida vigilância com que os navios brasileiros procuravam navios negreiros. Faziam isso apenas para agradar aos ingleses, que haviam proibido o tráfico de escravos.

Outras nacionalidades e etnias estão presentes em expressões de nossa língua, no léxico e na sintaxe. Judeu é um dos exemplos. Os dicionários informam que, além de designar etnia, habitante da Judeia e praticante da lei de Moisés, indica também o sujeito avarento ou usurário. Usurário é sinônimo de agiota e designa o capitalista que cobra juros excessivos. E o verbo judiar aparece como sinônimo de maltratar no romance O Cabeleira, de Franklin Távora; "agora ele não judiava só com os animais. Ele saqueava plantações e matava gente". Também o escritor catarinense Guido Wilmar Sassi, escreve em Piá: "frio, muito e muito frio, e judiando da gente pobre".

O índio, sob cuja designação estão abrigadas numerosas etnias e culturas, também é vitimado pela língua portuguesa, a começar pela expressão "programa de índio", que designa atividade ou entretenimento chato, sem graça, aborrecido, lembrando a indolência que grassa nas aldeias, principalmente em dias de calor, quando não há o que fazer a não ser render-se à preguiça.

E "sair à francesa" é qualificado como costume francês, pelos ingleses. Os franceses, que primam justamente pela etiqueta, inverteram a expressão para "sair à inglesa". Nos dois casos, indica o ato de abandonar uma festa sem se despedir de ninguém. Se "sair à francesa" é frase que pode ter tido origem em costume francês que na hora da partida evitava interromper o divertimento dos outros convivas, pode também estar radicada na expressão "saída franca", indicando mercadorias sem impostos, que não precisavam ser conferidas.

Alguns pesquisadores situam o surgimento da expressão na época das invasões napoleônicas, mas o escritor português Nicolau Tolentino de Almeida, falecido em 1811, aos 71 anos, cuja poesia satírica visava aos usos e costumes de Lisboa, registrou-a muito antes nestes versos: "Sairemos de improviso/ despedidos à francesa".

Nenhuma etnia, porém, é mais maltratada em expressões do português do que a africana, de que é exemplo a preconceituosa "serviço de negro'. Grande injustiça! Se não fosse o serviço dos negros, estaríamos todos na Idade da Pedra Lascada, aborrecidos com programas de índios.

Quando o corpo fala

O semblante, os gestos e o tom de voz estão presentes nos atos de fala para melhorar a expressão, como se as palavras não fossem suficientes. E na fala não são de fato. Sussurros, cochichos, sorrisos, risos, gargalhadas e gritos complementam o que se quer dizer.

Para melhorar o desempenho, valemo-nos do corpo também em expressões denotativas ou conotativas, de que são exemplos dedo de prosa, mão dupla, contramão, palmo, braço direito, braça, pegar no pé, pisar no calo.

O repórter diz que certo político está nadando de braçadas, mas que tal desempenho não seria possível se não contasse com qualificado assessor, que é seu braço direito. De outro mirante, a câmera mostra que o político é canhoto. Mas não há contradição no enunciado. Braço direito é metáfora.

Corpo veio do latim "*corpus*". A palavra chegou ao português no alvorecer do segundo milênio, já designando a estrutura física do organismo vivo e coberta de um significado específico que a opunha à alma.

Perde-se nas brumas o tempo a origem de o corpo servir de medida. Ao instruir Noé para fazer a Arca, Deus lança mão do recurso: "Desta maneira a farás: o comprimento da arca será de trezentos côvados, a sua largura de cinquenta e a sua altura de trinta." Côvado veio do latim "*cubitus*", cotovelo, e é medida de comprimento. Equivale a 66 cm.

O escritor Sérgio Faraco fez cuidadosa seleção de poemas sobre o corpo humano, destacando temas recorrentes num pequeno volume intitulado *Livro do Corpo*, que se fecha com estes versos de Fernando Pessoa, exalados depois de aludir aos cabelos, aos seios, aos braços e às mãos da mulher amada: "*Apetece como um barco./ Tem qualquer coisa de gomo./ Meu Deus, quando é que eu embarco?/ Ó fome, quando é que eu como?*"

Mão também veio do latim "*manus*". Além de designar a parte de nosso corpo ligada ao antebraço pelo punho, essencial à transformação do macaco em homem, pelo trabalho, segundo afirmação de Friedrich Engels num ensaio clássico, há dezenas de outros significados para mão, incluindo, por metáfora, a pata dianteira dos quadrúpedes.

Mão é também um conjunto de espigas de milho, cujo número varia de 25, em Alagoas, a 64, no Rio Grande do Sul. Em São Paulo, a mão de milho tem 60 espigas e em Pernambuco, 50.

Designa também camada de tinta e direção no trânsito, além de indicar 25 folhas de papel e servir de medida sob a designação de palmo.

Na Índia, a mão corresponde a dois palmos, pois a medida começa no cotovelo e vai até a ponta do dedo médio. Também os cabelos ajudam homens e mulheres na complexa tarefa da expressão, de que é exemplo a trança.

Unha, do diminutivo latino "*ungula*", de "*unguis*", designa tanto a unha humana quanto o casco e a garra dos animais. Ademais, também designa a parte do martelo que é utilizada para arrancar pregos, sendo neste sentido sinônimo de orelha.

A unha presta-se também a algumas metáforas: "unha e carne", para demonstrar união muito íntima entre duas pessoas em seus propósitos; "com unhas e dentes", indicando ação firme, e "roer as unhas", designando situação complicada. O ato de roer pode estar vinculado à antiga necessidade de afiar as unhas.

Falam também os olhos, como na expressão olho-grande, originalmente designando no português o menino que espiava as moças pelo buraco da fechadura enquanto elas trocavam de roupa. O olho-grande primeiramente indicava desejo luxurioso e mais tarde estendeu-se a outros domínios.

Assim, exagerar na contemplação dos rebanhos do vizinho e outros itens de seu patrimônio passou a sugerir deformação psicológica conhecida também como coisa de quem tinha o olho-grande. Por metáfora, o olho-grande é conhecido também como olho-gordo.

Quem é morto sempre aparece

Hoje é dia dos mortos. Um dia apenas por ano é pouco e por isso eles aparecem em outros dias também. Pelas leis da vida, é normal que filhos enterrem os pais, contudo esta regra às vezes é quebrada e sobrevém a grande tristeza dos pais enterrarem os filhos, o que aconteceu, por exemplo, a Carlos Drummond de Andrade, que dias antes de morrer, em agosto de 1987, enterrou sua única filha, Maria Julieta Drummond de Andrade.

São dele estes versos, que os apreciadores da boa poesia sabem de cor: "*Amar o perdido/ deixa confundido/ este coração./ Nada pode o olvido/ contra o sem sentido/ apelo do Não./ As coisas tangíveis/ tornam-se insensíveis/ à palma da mão/ Mas as coisas findas/ muito mais que lindas,/ essas ficarão*".

Um colega com quem trabalho, na Universidade Estácio de Sá, também passou pela dor de enterrar o filho e outro dia exalou um feixe de suspiros em forma de palavras, concluindo que depois daquele dia de tantas tristezas, não teme mais a morte e até a aguarda com serenidade, como nos já célebres versos de *Consoada*, de Manuel Bandeira: "*quando a Indesejada das gentes chegar/ (Não sei se dura ou caroável),/ Talvez eu tenha medo./ Talvez sorria, ou diga:/ - Alô, iniludível!/ O meu dia foi bom, pode a noite descer. / (A noite com seus sortilégios.)/ Encontrará lavrado o campo, a casa limpa, / A mesa posta,/ Com cada coisa em seu lugar*".

Eu era menino quando, na garupa da motocicleta do pároco de minha cidade, em Santa Catarina, fui ajudá-lo a ministrar a extrema-unção a um moribundo. Segurei as latinhas com os óleos, os santos óleos. Depois a Igreja mudou o nome do sacramento para unção dos enfermos. Mais coerente a denominação, pois nem sempre era a última, já que o pré-defunto às vezes se recuperava.

Voltei transtornado. O moribundo não queria morrer. O padre encomendava-lhe a alma ao Criador, mas ele, sem nenhuma curiosidade com a eternidade e com toda certeza sem nenhuma pressa, deixava claro que começava a última viagem contra a vontade. E poucos antes de morrer, proferiu a frase que jamais esqueci; "por que somente eu morro e vocês não?" Também a solidariedade tem limites!

Na língua portuguesa os moribundos são recentes. O primeiro registro é de 1744. Antes disso, o moribundo era designado por outras palavras. O latim sempre teve *moribundus*, mas nós, herdeiros da língua portuguesa, não. *Bundus* em latim significa repleto, cheio. Moribundo é uma palavra coerente na sua boniteza de expressar: a pessoa viva já está cheia de morte, agoniza, a morte tomou conta dela. A mesma partícula "bundus"está presente – no masculino, sem o escândalo que sugere no feminino – em outras palavras, como furibundo, nauseabundo, pudibundo, vagabundo etc. A um sujeito excessivamente vaidoso, não é melhor caracterizá-lo como gloriabundo em vez de exibido?

Nossos mortos ainda são muito jovens, são muitos os que partem antes da hora, dada a vida difícil que levam, desembocando sempre em morte severina, assim definida por João Cabral de Melo Neto, em *Morte e Vida Severina*: "*é a morte de que se morre/ de velhice antes dos trinta,/ de emboscada antes dos vinte/*

de fome um pouco por dia/ (de fraqueza e de doença/ é que a morte severina/ ataca em qualquer idade,/ e até gente não nascida)".

O Brasil precisa aprender a morrer. Principalmente aqui no Rio, estamos morrendo sem graça, sem estilo, sem tempo de unção dos enfermos. E sobretudo muito jovens. Quem nos deve levar para o outro mundo são as leis da natureza, não estas que se impuseram a ferro e fogo, na selva de balas.

Quem está na chuva é pra se queimar

O título de minha crônica lembra um modo Vicente Matheus de ver o mundo. Acho que de tanto ser citado por erros divertidos, o célebre presidente do Coríntians passou a produzir de caso pensado algumas pérolas semelhantes àquelas que faziam o prato cheio de jornalistas e leitores.

O futebol é pródigo nessas ignorâncias. Garrincha, cujo vintenário de morte está sendo lembrado neste 2003, era outro a quem eram atribuídas certas falas e comportamentos insólitos. Alguns tornaram-se clássicos. Como o de perguntar aos colegas, depois dos 5 x 2 aplicados à Suécia na final de 1958, qual o motivo de tanta festa e ouvir do seu compadre Nílton Santos e do amigo Didi que o Brasil acabara de ficar campeão do mundo. Garrincha teria perguntado, muito admirado; "ué, não vai ter returno"?

Outra lenda envolve o goleiro Manga, na Copa de 1966, realizada na Inglaterra. Comprou em Londres um rádio portátil, de pilha, na época ainda muito caro. E foi debochado por um colega: "vai levar isso para o Brasil? Mas, para quê? Quem entende essa língua?" O crítico ainda fez um favor a Manga: para ele não perder completamente o dinheiro, recomprou o radinho pela metade do preço. E, naturalmente, o rádio, com faixa AM, falou em Português no Brasil.

São atribuídas a Claudiomiro, famoso centro-avante do Internacional na época em que o colorado foi tricampeão brasileiro, três declarações. Ao entrar no gramado da capital do Pará, saiu-se com esta aos repórteres que lhe haviam perguntado pelas primeiras impressões, ainda antes de começar a partida: "estou muito contente por jogar na terra em que nasceu Jesus Cristo". E certa vez, ao ser escolhido o melhor em campo, em jogo com time pequeno, agradeceu muito o "engradado de Brahma" que a Skol lhe dera. No banco, indagado se aquele dia o Internacional teria maiores dificuldades por não poder com ele, lesionado, saiu-se com esta: "com migo ou sem migo, o Colorado vai vencer".

Há bobagens divertidas, como as citadas, e bobagens que nos deixam num estado lastimável. O que fazer? Rir? Chorar? Lamentar? Foi o que ocorreu comigo em 1981, ao chegar a São Carlos e à UFSCar. Fui convocado para corrigir as redações do vestibular, que naquele ano foi realizado em julho.

Nunca esqueci o trecho de uma redação. O tema era a primavera. Os candidatos, em sua maioria, repetiam, com muito mais erros, evidentemente, antiga redação feita no primário. O fragmento que jamais esqueci foi o seguinte: "É primavera. Os grilos pipilam na macega e as galinhas cacarejam atrás de seu ideal".

As vozes dos animais formam um complexo capítulo da gramática portuguesa. O camelo blatera. A mosca azoina. A águia atita. A andorinha gazeia. O cão ladra. O gato mia. A cobra silva. E o grilo pipila.

Como pôde aquele candidato ou candidata – dele só sabíamos o número de inscrição – acertar a voz do grilo e a seguir emitir juízo tão desconexo sobre as galinhas? Sem contar que cacarejar não é verbo dos mais fáceis.

Fiquei com esse enigma. Anos depois, um chinês, cursando Engenharia ou Computação, não lembro ao certo, me procura na sala do professor, pedindo que lhe dê lições semanais. Havia sido reprovado em português sete vezes. Por sete semestres consecutivos. Não poderia se formar e precisava voltar a seu país de origem, onde jamais falaria ou escreveria em Português.

Começamos os estudos. Ah, se você é professor, Deus o livre de ensinar a língua portuguesa a quem maneja ideogramas. Um simples asterisco diz o que levamos uma lauda para expressar. E já na primeira redação, ele usou a palavra "ideal" como verdadeiro coringa. Ideal era fruto num parágrafo, alimento em outro, projeto em outro. E assim por diante. Corrigi, com tinta verde, todas as vezes que usou a palavra "ideal" de modo inadequado. Embora não pareça, o vermelho é por demais humilhante para quem está aprendendo, o vermelho é proibitivo e você só aprende em clima de liberdade e bom entendimento com o professor. Ele é seu aliado, não seu adversário. E muito menos seu inimigo.

E foi então que de repente a redação daquele antigo vestibular me foi esclarecida. "Palavrinha difícil, né, professor? Nunca entendo o que brasileiro quer dizer com ideal. No vestibular me atrapalhei todo, quase fui reprovado".

Pois é. Quem está na chuva, é para se molhar.

Estava concluindo este artigo quando uma querida amiga me remete pela internet a seguinte historinha. "Um suíço, à procura de orientação sobre o caminho, para o carro junto a um acostamento onde há dois brasileiros conversando: Lula e Vicentinho. Entschuldigung, koennen Sie Deutsch sprechen? Os dois permanecem mudos... – Excusez-moi, parlez vous Français? tentou ele... Os dois continuaram a olhar para ele impávidos e serenos. Parlare Italiano? Continuaram calados. Hablan ustedes Español? Nenhuma rcsposta. Do you speak English?

Ainda nada. Angustiado, o suíço desiste e vai-se embora. Lula vira-se para o Vicentinho e diz: – Companheiro, talvez nóis devêsse aprender uma língua estrangeira. Ao que o Vicentinho responde: – Pra quê? Aquele gringo sabia cinco e não adiantou porra nenhuma!".

Relatório e estilo

"Uma das questões mais recorrentes nesta CPMI é a ciência de que o presidente Luiz Inácio Lula da Silva tinha sobre o envolvimento de parlamentares com os ilícitos investigados. A imprensa tem arrolado ocasiões em que o fato teria sido a ele informado. (...) *Como é de sabença, não incide, aqui, responsabilidade objetiva do chefe maior da Nação, simplesmente, por ocupar a cúspide da estrutura do Poder Executivo, o que significaria ser responsabilizado, independentemente de ciência ou não. Em sede de responsabilidade subjetiva, não parece que havia dificuldade para que pudesse lobrigar a anormalidade com que a maioria parlamentar se forjava. Contudo, não se tem qualquer fato que evidencie haver se omitido*". (Do *Relatório da CPMI dos Correios*, feito pelo deputado gaúcho Osmar Serraglio).

Carlos Alberto Di Franco, professor de Ética e doutor em Comunicação pela Universidade de Navarra, qualificou de barroco este modo de escrever. (O *Estado de São Paulo*, 10/04/06, p.A2): "*Como se vê, caro leitor, o relator, apoiado num estilo barroco, chegou muito perto. Mas preferiu não pôr o guizo no gato*".

Na fábula do escritor francês Jean de la Fontaine, os ratos, reunidos em assembleia, todos mais falantes do que parlamentares, decidem pôr um guizo no pescoço do gato, com o fim de perceberem a aproximação do eterno inimigo e fugirem. Um rato velho, até então calado, faz a pergunta: "*quem vai pôr o guizo no pescoço do gato?*".

O estilo barroco não é confuso. Artistas e escritores representantes do gênero não podem ser acusados de falta de clareza.

Eles tinham o que dizer e o expressavam com criatividade extraordinária. Dois exemplos brasileiros: Aleijadinho, na escultura, e o padre Antonio Vieira, nas letras. Aliás, Vieira era tão claro que a Inquisição não teve dúvidas de encarcerá-lo.

"O estilo é o próprio homem", disse o escritor francês George Louis Leclerc, mais conhecido como Conde de Buffon. E o homem é advogado brasileiro. Por norma, a espécie complica o estilo, pensando decerto que assim ganha a admiração alheia. Advogados confidenciam que se não escreverem assim, os juízes, salvo exceções, acham que eles não conhecem Direito!

O relatório do deputado Osmar Serraglio teria coesão e clareza – qualidades indispensáveis a um texto – se o autor abandonasse o estilo empolado.

No trecho citado, ele concluiu que o presidente Lula sabia de tudo, mas que objetivamente não pôde incriminá-lo, já que sua conclusão é subjetiva. Se adotassem o jeito Serraglio de expressar e escrever, Aleijadinho não faria a escultura de um único profeta e Vieira não escreveria um só sermão!

Desembaracemos o cipoal de Serraglio. "Sabença" veio do latim *sapientia*, sabedoria, conhecimento. "Cúspide" veio latim *cuspis*, ponta da lança, o ponto mais alto. "Lobrigar", vislumbrar, radica-se no castelhano *lubricán*, lobo e cão, e no latim *lubricus*, perigoso, ensejando o significado de lobrigar como "ver na penumbra", onde o cão pode ser lobo. Forjar veio de forja, do francês *forge*, fábrica, oficina.

Tal como está escrito, o estilo do deputado lembra o do presidente Humberto de Alencar Castello Branco. Ao comentar os golpistas que, naquele tempo, procuravam os quartéis, identificou-os como "vivandeiras alvoroçadas" que "vêm aos bivaques bulir com os granadeiros e provocar extravagâncias do poder militar".

Servos, escravos e servidores

Servidor já vinha designando funções bem diferentes daquelas que teve na origem. Nunca, porém, ampliou tanto os significados como no século passado, com a chegada da informática.

Servidor, derivado de servo, do latim *servus*, servo, escravo, mas com sutis diferenciações entre um e outro, designa o computador que provê dados e serviços a outros computadores, ligados entre si, perfazendo uma rede e ensejando que os recursos sejam compartilhados.

O inglês tem *servitor*, criado, servente, e *servo*, redução de *servomechanism*, neologismo que a língua criou para designar instância a serviço de outra, na mecânica como na eletrônica. E tem também *slave*, escravo, designando computador periférico ou terminal, dependente de computador central. A palavra aparece nos compostos *slave cache, slave store, slave terminal, slave processor* e *slave tube*, designando escravos eletrônicos encarregados de guardar dados, nos dois primeiros casos, e escravos incumbidos de apresentar e processar o que o computador central determina, nos dois seguintes, e monitor escravo que mostre exatamente o que a primeira unidade está exibindo. Ora, escravo e *slave* procedem do latim *slavus* ou *sclavus* e do grego bizantino *sklábos*, por força de povos eslavos terem sido maciçamente escravizados na Alta Idade Média.

O inglês, o latim do império, invadiu a língua portuguesa. Precisamos disciplinar os neologismos à luz da da consolidação que virá do uso. Aristóteles definiu esse processo como enteléquia, entendida como plenitude de criação ou de mudança, de sentido diferente ou contrário ao processo que as originou. Afinal, como traduziremos *mouse*? Rato? E no manual de instruções leremos a recomendação para determinada tarefa: "aperte o rato sobre a figura"? Provavelmente erraremos menos. Afinal, outro servidor, o criado-mudo, não fala, não reclama e nem denuncia que o obriguemos ao silêncio. E o latim, nossa língua-mãe, não tinha criado-mudo. Não de madeira.

No caso do inglês, a mudança será mais fácil, pois o inglês não é pai nem mãe, é vizinho longínquo, aproximado por guerras e tecnologia. Talvez a tecnologia, parafraseando o que disse da paz o teórico Clausewitz, seja a continuação da guerra por outros meios.

As palavras não dizem tudo explicitamente. Têm estratégias de silêncio e mantêm significados subjacentes. Será que a informática anuncia um tempo em que escravizaremos apenas as máquinas? Ou o computador apenas substituirá o feitor? A abolição da escravatura teve espíritos altruístas que a abominaram com candentes poesias e prosas em nossas letras, mas diagnósticos frios atestam um realismo que pode ter sido a causa maior.

Não precisamos ser economistas ou sociólogos para vislumbrar essa verdade. O dicionário *Aurélio* abona escravo como adjetivo com este exemplo de Alberto Passos Guimarães, extraído de *Quatro Séculos de Latifúndio*: "*em 1884, o trabalho livre mostrava-se bastante mais lucrativo do que o trabalho escravo.*"

Na origem, escravo, servo e servidor tiveram outros sentidos, modificados ao longo dos séculos. Ainda hoje podemos comprovar as discrepâncias. Vejamos este espelho da imprensa: "*Os servidores públicos não tiveram reajustes salariais durante os dois governos de Fernando Henrique Cardoso. E quando o governo do presidente Luiz Inácio Lula da Silva determinou apenas 1%, uma silenciosa revolta apossou-se de todos eles".*

Na mesma página, multinacional apresenta liquidação de servidores: "*Servidores por apenas R$ 1.200,00*". Naturalmente, embora as duas classes tenham sido tratadas como escravos, não são os servidores aludidos na notícia que estão à venda no anúncio. A ironia, porém, às vezes faz-se por si mesma.

Sutileza das palavras

"Meio-campo recua para ajudar a defesa". "Candidato descarta voto nulo". "Dossiê dos sanguessugas incrimina senador".

Estas palavras e expressões, retiradas da mídia, estão repletas de sutis complexidades, muitas das quais não percebemos.

O substantivo "meio-campo" sofreu redução e perdeu o "de" que estava no meio, entrando em desuso "meio-de-campo", embora os dicionários continuem registrando a variante.

Pelo contexto sabemos que, neste caso, designa o jogador de futebol que atua naquela posição e não o pedaço do campo onde ele fica mais tempo. Assim, quando se diz "você faz o meio-campo para mim", a referência é à função que ele desempenha, ligando a defesa ao ataque, armando os companheiros e desarmando os adversários.

Já em "recuar", se os narradores esportivos soubessem o significado etimológico da palavra, provavelmente evitariam este verbo. O vocábulo "recuar" foi formado, como é frequente na língua portuguesa, com prefixo e sufixo combinados com substantivo.

Vejamos o exemplo de "retalhar", para melhor entender o processo. "Talho" é corte. "Talhar" é cortar. O prefixo "re" – é prefixo porque vem antes da palavra que vai alterar – indica repetição. O sufixo "ar" – é sufixo porque vem depois – indica ação. Retalhar é cortar de novo o que já foi cortado. Não confundir com "retaliar", que é castigar com a pena de talião:

fazer ao outro o que ele nos fez. A origem, neste caso, é outra: o latim "talionis", de "talis", tal, igual.

"Recuar" é verbo formado a partir de um palavrão, que está ali no meio da palavra bem disfarçado, tendo o prefixo "re" à esquerda de quem lê e o sufixo "ar" à direita. E seu significado é trazer para trás o que o palavrão designa. A norma coloquial da língua portuguesa criou expressão que o explicita: "tirar o cu da reta".

Mas por que "cu" é palavrão, cedendo lugar a "ânus"? Por convenção arbitrária, sem nenhuma razão lógica. "Ânus" e "cu", que são sinônimos, procedem igualmente do latim "anus", com as variantes dos diminutivos "annulus" e "annellus", de que veio anel.

As funções sexuais e excretoras são sagradas e por isso sua denominação é cheia de temores. Evita-se dizer os nomes pelos quais são mais conhecidas. São criadas outras palavras para evitá-las.

Assim, o cantor pode berrar a plenos pulmões que "a perereca da vizinha está presa na gaiola". Jamais diria que é a "vulva" ou a "vagina" que está presa. Nem substituiria as palavras utilizadas pelos ginecologistas por conhecidos palavrões que designam o órgão sexual feminino. Ele usa como efeito estético a ambiguidade: "perereca" é rã, mas seu sentido pode ser outro.

Já em "candidato descarta voto nulo", o verbo "descartar" foi formado a partir de "carta", antecedido de "des", prefixo de negação. E o sufixo "ar" indica "ação". "Descartar" é tirar a carta; no caso, tirar o voto nulo.

No último exemplo, "dossiê dos sanguessugas incrimina senador", temos "dossiê", que veio do francês e designava carga que era posta sobre o dorso do animal para ser transportada e depois acomodada dentro de casa, em algum móvel, e depois em pastas. Sanguessuga designa o vcrmc quc, como o nome indica, utilizando ventosas, suga o sangue de animais e de pessoas. "Incriminar" é verbo formado a partir de "crime", com o prefixo "in", indicando que o senador teria praticado um crimc. E o ancião que atuava no "senatus", conselho de anciães, chamava-se "senator" na antiga Roma justamente por ser um velho. Hoje, o senador pode ser um jovem.

A origem das palavras não ensina apenas o que elas hoje significam; ensina também que elas, como as pessoas, mudam muito, a ponto de se tornarem irreconhecíveis.

Tempo é dinheiro?

Na Roma antiga, no primeiro dia de cada mês um escravo anunciava os acontecimentos fastos (felizes) e nefastos (infelizes) do período.

Para melhor entender: mais ou menos como se o deputado Severino Cavalcanti determinasse a um de seus nepotes que avisasse ao distinto público, hoje, quando são dois de maio, que este mês será votada a redução dos juros, o pleno emprego (acontecimentos fastos), o aumento de impostos, a intervenção na saúde (acontecimentos nefastos).

Os gregos não tinham calendas. Sabedor disso, o historiador Suetônio criou a expressão "pagar nas calendas gregas", isto é, nunca.

A palavra calendário veio do latim *calendarium*, radicado em *calare*, convocar, e *calenda*, o primeiro dia de cada mês, e suas divisões baseiam-se, desde as mais antigas culturas, nos movimentos da Terra e da Lua.

Vivemos o ano inteiro no mundo da Lua. O ano é o tempo que a Terra demora para dar uma volta ao redor do Sol. O mês, o tempo que a Lua leva para dar uma volta ao redor da Terra. A semana equivale a cada uma das quatro fases da Lua: minguante, crescente, nova e cheia. O dia equivale ao período que nosso planeta leva para dar uma volta sobre seu próprio eixo.

Frei Antônio das Chagas, que na Lisboa do século XIX esbofeteava esqueletos diante de assustadas plateias em suas homilias, recriminando o que tinham feito quando cobertos de carne e pele, fez belo poema sobre o tempo: "*Deus pede estrita conta do meu tempo/ e eu vou do meu tempo dar-lhe conta,/ mas como dar, sem tempo, tanta conta,/ eu que gastei, sem conta, tanto tempo?/ Para ter minha conta feita a tempo,/ o tempo me foi dado e não fiz conta/ não quis, sobrando tempo, fazer conta,/ hoje quero acertar conta e não há tempo./ Ó vós que tendes tempo sem ter conta,/ não gasteis vosso tempo em passa-tempo./ Cuidai, enquanto é tempo, de vossa conta,/ pois aqueles que sem conta gastam o tempo,/ quando o tempo chegar de prestar contas,/ chorarão, como eu, o não ter tempo*".

E de onde veio a palavra hora? Ora, hora veio do grego *hóra*, pelo latim *hora*, outra divisão de tempo. As Horas eram divindades, filhas de Júpiter e Têmis. Presidiam às estações do ano e eram guardas das portas do Céu.

Na Idade Média, sugiram as divisões minuto e segundo, do latim *primus minutus*, primeira pequena parte da hora, e *secundus minutus*, segunda pequena parte da hora. Mais tarde, por economia, que é a regra básica da elegância, houve elipses de *primus* e *minutus*.

O escritor e jornalista espanhol Ramón Gómez de la Serna propôs o acréscimo da vigésima-quinta hora ao dia: "*Oh, se houvesse uma hora a mais, uma hora excepcional e sobressalente, a hora vinte e cinco!*". E veio morar em Buenos Aires!

Tudo isso parece picuinha, mas não é. O tempo é nosso grande problema. Convém lembrar que picuinha veio do inglês *picayune*, coisa insignificante, palavra surgida na Louisiana e em outros estados do Sul dos EUA entre os séculos XVIII e XIX, que aludia à moeda espanhola, de cobre, de cinco centavos.

É possível que tenha sofrido influência do occitânico, língua falada no Sul da França, pela formação *pica*, pique, tinido, o barulhinho que faz a moeda ao bater em outra, que se mesclou ao inglês *coin*, moeda.

Como fosse de pouco valor, passou a indicar qualquer coisa insignificante. Terá contribuído para marcas do francês no inglês dos EUA a expulsão dos acadianos, franceses que viviam no Canadá. Eles se estabeleceram em estados norte-americanos que ainda hoje têm nomes franceses, como Vermont e Maine.

Tempo é dinheiro, diz o provérbio. Ou, *time is money*, como dizem nos EUA. Tal estranha equivalência não nos foi dada nem por Suetônio nem por Frei Antônio das Chagas.

Um crucifixo com a marca INRI

O juiz não queria acreditar. Lendo texto da lavra de advogado recém-formado, viu que entre os bens inventariados estava "um crucifixo de aço, marca INRI, sem indicação do fabricante".

Vários profissionais do Direito, entre os quais alguns juízes, escrevem ao colunista narrando exemplos de tropeços em citações latinas. É um mero detalhe, entretanto revelador da falta de lastro intelectual de advogado que escreve mal.

Alguns de nossos grandes escritores, verdadeiros estilistas da língua portuguesa, foram ou são advogados. Contudo, hoje, no ambiente do fórum, basta o exame de poucos parágrafos para constatar que a língua portuguesa, principal instrumento de trabalho do advogado, é maltratada sem nenhuma possibilidade de recurso. E quanto mais ignoram a língua materna, mais erram também nas citações em outras línguas. O latim é vítima preferencial no Direito. Raros são os que fazem citações corretas.

No caso, INRI representa as iniciais da frase que Pôncio Pilatos mandou afixar na cruz em que Jesus foi supliciado. Vários compêndios de frases latinas, muito utilizados nos cursos de Direito, apresentam erros de transcrição, nessa como em outras frases. São omissões ou acréscimos de poucas letras, revelando entretanto o desconhecimento do autor que reuniu as citações.

A frase "Jesus Nazarenus Rex Judaeourum" ("Jesus Nazareno Rei dos Judeus") aparece escrita de muitas formas. O genitivo plural de *judaei*, (judeus), *judaeorum* (dos judeus), aparece com variantes que os romanos jamais pensaram em usar. Pilatos, segundo nos narra São João, mandou escrever a declaração em latim, hebraico e grego, mas por motivos óbvios é em latim que ela é transcrita.

Um outro erro muito comum nas homenagens é a expressão *in memoriam*, que aparece escrita com frequência *in memorian*. O acusativo singular da primeira declinação termina em *m* e não em *n*.

Outro erro presente em várias citações feitas por advogados remete-nos à Inconfidência Mineira. Os inconfidentes, entre os quais havia padres e letrados, socorreram-se do verso "Libertas quae sera tamen", da autoria do poeta latino Virgílio. O juízo inteiro é "Libertas quae sera tamen respexit inertem" ("A liberdade que tardia, todavia, apiedou-se de mim em minha inércia").

O lema, como foi adaptado, é esdrúxulo: a liberdade que tardia, todavia... (sic). Para o que queriam os inconfidentes, bastava "Libertas quae sera". Ainda assim, o lema, com este erro de transcrição e de tradução, continua em documentos oficiais dos estados de Minas Gerais e do Acre. E em muitas petições, ainda que, entre outros, Paulo Rónai e Millôr Fernandes tenham já alertado, há muitos anos, para o equívoco.

Por influência da língua portuguesa, a expressão *urbi et orbi*, declinações de *urbs*, cidade, e *orbis*, universo, constantes de tradicional bênção do papa, que a estende a Roma e ao mundo inteiro, aparece grafada *urbe et orbe*.

Cyro dos Anjos a cita em *Explorações do tempo*: "Oposta à Matriz, num dos lados menores da Praça, a Cadeia exibia no rés-do-chão os seus negros, úmidos e malcheirosos cárceres, como a advertir *urbi et orbi* que o Código Penal não seria impunemente infringido na comarca".

O Rio de Janeiro ostenta várias cotações latinas em prédios públicos. A frase "Ex fumo dare lucem", muito citada por Machado de Assis, continua inscrita na fachada de antiga companhia de gás. É verso do poeta Horácio: "Non fumum ex fulgore, sed ex fumo dare lucem" ("Não dar fumo do fulgor, mas luz da fumaça"). *Ipsis litteris* é outra vítima. Ou dobram o *p* em *ipsis* ou suprimem o *t* de *litteris*. Frases e expressões latinas são indispensáveis no Direito. Convém, porém, citar direito. Não percamos o latim e muito menos o português!

Um fala, o outro abaixa a orelha

Quando um burro fala, o outro abaixa a orelha. Este provérbio, de sutil complexidade, combina arrogância e modéstia em doses iguais. Recomenda reverente silêncio diante de quem fala. Mas quem o profere, põe-se no mesmo nível do ouvinte. Afinal, os dois são burros.

Quem assim desclassifica o interlocutor, é o primeiro a admitir a mesma condição, reconhecendo, por caminhos paradoxais, que também é burro. Em resumo, tão logo o outro tome a palavra, abaixará as orelhas quem falou. A operação resulta, não em desclassificação, mas em ordenamento do diálogo.

Entre tantas curiosidades que rondam o berço da expressão, é de se registrar que uma das mais antigas versões é bíblica. Balaão espanca o burro (em algumas versões é a mula) para que prossiga. Mas há um anjo no meio do caminho, visível somente ao animal. Na terceira tentativa, o burro fala, recriminando a teimosia do dono. O episódio está narrado em Números, o penúltimo do Pentateuco, como é chamado o conjunto dos cinco primeiros livros da Bíblia.

Bíblia e Pentateuco são palavras de origem grega: *bíblos*, papiro, papel; "*penta*", cinco; "*teûchos*", livro. O radical grego está presente também em biblioteca, designando originalmente caixa de livros. Qualquer intelectual pré-Gutenberg tinha como biblioteca apenas uma caixa com poucos livros.

Livro e burro sempre foram associados a falar e ouvir. Um registro igualmente muito antigo está numa das narrativas de Fedro, o culto escravo do imperador Augusto que traduziu e reescreveu fábulas de Esopo. Numa delas, um burro encontra uma lira, tenta tocá-la e, não conseguindo, lamenta a sorte do instrumento, que em vez de cair nas mãos de alguém capaz de extrair suaves harmonias, foi topar justamente com ele, burro, que nada entende de música.

Em outro autor latino, Luciano, um burro ouve lira e, parecendo entender, mexe as orelhas. Também Horácio, criticando espectadores de teatro, invoca Demócrito para dizer que, se o filósofo grego vivesse em Roma naquele período, se divertiria mais observando o público do que assistindo aos espetáculos, pois os autores pareciam contar suas histórias a um burro surdo. Como se vê, o autor lançou mão de uma dificuldade adicional, a surdez, com o fim de ampliar a ignorância dos criticados.

O burro fala também em divertida estrofe de Bábrio, o poeta grego que pôs em versos várias fábulas de Esopo. Um burro sobe no telhado de uma residência e quebra muitas telhas. Quando o dono o castiga, ele retruca, sentindo-se discriminado: “no outro dia, quando o macaco fez a mesma coisa, você riu”.

Também Cícero perguntou: “por que eu te ensinaria a ler agora, burro?”. Enfim, a metáfora que dá o burro como animal que simboliza por excelência a ignorância está presente em muitas outras línguas, de que é exemplo o ditado alemão: “Man kann den Esel mit Atlasdecken belängen, er bleibt doch immer ein Esel” (“pode-se cobrir o burro com um atlas e ele continuará sendo sempre um burro”).

Mas coube ao escritor brasileiro João Guimarães Rosa, que sabia ouvir e entender, não estrelas, mas animais, reconhecer a sabedoria dos burros, como no conto *O Burrinho Pedrês*.

Animais e homens filosofam sem parar em seus contos. Eis a justificativa: "Como escritor, não posso seguir a receita de Hollywood, segundo a qual é preciso sempre orientar-se pelo limite mais baixo do entendimento. Portanto, torno a repetir: não do ponto de vista filológico e sim do metafísico, no sertão fala-se a língua de Goethe, Dostoiévski e Flaubert, porque o sertão é o terreno da eternidade, da solidão. No sertão, o homem é o eu que ainda não encontrou um tu; por ali os anjos e o diabo ainda manuseiam a língua".

Um ônibus no jardim

O presidente norte-americano John Kennedy criou um programa de ajuda à América Latina denominado Aliança para o Progresso. Ou *Alianza para el Progreso*, em espanhol. O nome surgiu-lhe do título de um jornal do Texas que leu num ônibus. Um de seus assessores sugeriu-lhe que o programa deveria chamar-se *Alianza para el Desarollo*, mas o presidente, de origem irlandesa, tinha dificuldade de pronunciar *desarollo*, que em português significa desenvolvimento, e preferiu progresso, equivalente ao inglês *progress*.

A viagem das palavras raramente é sem escalas. O presidente dos EUA, quando concebeu o famoso programa de ajuda, percorria o país de ônibus. Presidente e ônibus são palavras que vieram do latim. Presidente veio de *praesidente*, declinação de *praesidens*, aquele que preside, dirige. No Império Romano, o título *praesidens* era dado aos governadores de suas províncias. Durante muito tempo, também os governadores de Estados brasileiros foram chamados presidentes. O vocábulo serve para designar muitas outras funções, atinentes a comandos, como, por exemplo, os presidentes de tribunais, câmaras, assembleias e outras instituições, públicas ou privadas.

No Brasil os presidentes da República têm mais poderes do que imperadores e várias curiosidades marcam a presidência, a começar pelo processo que os eleva ao cargo. O primeiro subiu ao poder por golpe militar, no que foi imitado por vários outros, de que é exemplo o ciclo dos generais de exército no período que vai de 1964 a 1985, quando oito deles ocuparam a presidência da República, sendo três em junta militar. Junta militar ou médica é sempre caso de desespero para o enfermo. Os nomes de presidente mais repetidos foram João e José, mas, com exceção de Prudente José de Morais Barros, nenhum João ou José foi eleito pelo povo. Joões e Josés chegaram por golpes ou como vices, como é o caso de José de Alencar, vice do presidente Lula, e de José Sarney, que fez a transição da ditadura para a democracia entre 1985 e 1990. A década passada trouxe-nos dois Fernandos, ambos eleitos por voto direto. Mas Fernando Collor de Mello foi afastado um ano antes de cumprir sua missão. E Fernando Henrique Cardoso repetiu o mandato, como se fosse sobremesa.

Algumas videntes previram que Jânio Quadros e José Sarney voltariam à presidência da República. O primeiro já morreu. E não temos ainda uma emenda que autorize um presidente morto a governar o país por psicografia. Ele era professor de Português, autor de uma gramática e criador de expressões insólitas, de que é exemplo a frase "fi-lo porque qui-lo", cuja complicada sintaxe lhe foi atribuída. José Sarney, que é romancista e não gramático, dá-se melhor com a jardinagem das palavras do que com a botânica. Atualmente é presidente do Senado e pode de repente fazer com que a vidente acerte a profecia. Mas à semelhança de sociólogos, economistas e futurólogos, as cartomantes errar feio em suas previsões.

Nesta viagem das palavras, chegamos a ônibus, do latim *omnibus*, para todos. Inicialmente, foi nome de uma casa comercial, de propriedade de um francês chamado Omnes. Ele mandou afixar uma placa com os dizeres *Omnes omnibus*. Seu estabelecimento passou a ser muito frequentado. Então, o dono de um serviço de transporte para banhistas também escreveu a palavra *omnibus* num de seus carros. Foi um sucesso. Quando John Kennedy viu num ônibus o jornal que lhe inspirou o célebre programa, os ônibus percorriam Londres e Nova York desde 1829. A princípio não foram aceitos, mas já na segunda metade do século XIX eram os mais populares meios de transporte, devido à criação de lugares para trabalhadores e demais pessoas humildes.

Mas como foi que jardineira virou sinônimo de ônibus? Pois jardineira veio de jardim, do francês *jardin*, que designa jardim, mas também horta, pomar, quintal. Tanto que os franceses criaram a expressão *cultiver son jardin* (cultivar seu jardim) para referir estilo de vida de quem se retirou da balbúrdia da cidade para levar uma existência menos agitada.

Porém, os franceses que não cultivavam o *jardin* apenas por entretenimento, mas com o fim de produzir flores, legumes, verduras e tubérculos, precisavam vender todos esses produtos nas cidades. E os transportavam até os mercados urbanos em veículo de duas ou quatro rodas denominado *jardinière*. Quando a *jardinière*, em vez de transportar o que os agricultores tinham colhido, levava as pessoas às cidades, conservou a denominação. Na Itália, virou *giardineira*. E na Espanha, *jardinera*. Imigrantes espanhóis e italianos enriqueceram nossa língua com a variante jardineira.

No carnaval de 1938, embora as jardineiras já fizessem as vezes dos ônibus, a homenageada era outra: "*ó jardineira,/ por que estás tão triste?/ Mas o que foi que te aconteceu?/ Foi a camélia,/ que caiu do galho,/ deu dois suspiros/ E depois morreu*". Sem errar concordância nenhuma, os versos continuavam: "*Vem, jardineira,/ Vem, meu amor,/ Não fiques triste,/ Que este mundo/ É todo teu,/ Tu és muito mais bonita/ Que a camélia que morreu*".

Quando o presidente Luiz Inácio Lula da Silva migrou do Nordeste para São Paulo, o pau-de-arara fazia as vezes de jardineira e de ônibus. Talvez outro carnavalesco possa cantar ao presidente: não fiques triste, que este Brasil é todo teu, tu és muito mais bonito que o candidato que perdeu.

Uma temporada no purgatório

Fazer inquérito, ou fazer o competente inquérito, como gostam de dizer os delegados de polícia, é tarefa de pesquisa habitual para cientistas e jornalistas, mas no português coloquial suas vinculações mais visíveis são com procedimentos policiais e judiciários, como sabem advogados, promotores, juízes ou outros que arrebatam suas funções, como é o caso dos parlamentares em tempos de CPIs.

Entretanto, a palavra inquérito, antes de chegar às delegacias, aos laboratórios, às pesquisas de campo, à imprensa e aos parlamentos, apareceu num livro sobre a vida burguesa de Portugal no século XIX. É *Uma Família Inglesa*, romance de Júlio Dinis, pseudônimo do escritor português Joaquim Guilherme Gomes Coelho, que morreu precocemente, aos 32 anos. Dele é muito conhecido *As Pupilas do Senhor Reitor*, romance publicado um ano antes, em 1867.

Inquérito veio do latim vulgar "*inquaeritare*", radicado originalmente nas formas do latim culto "*quarere*" e "*quaeritare*", as três com o significado de procurar, buscar, informar-se.

Em antigos escritos latinos um dos verbos que lhe deu origem, "*quarere*" (perguntar, procurar), aparece abonado em exemplos como seguem: "*quarere de morte alicuius*" (fazer inquérito sobre a morte de alguém) e "*quarere unum coelum aut innumerabilia*" (fazer inquérito para descobrir se havia um único céu ou céus inumeráveis).

O primeiro situa-se em terreno quase doméstico. A pessoa morria sem que se soubesse de quê. Fazia-se o inquérito para que todos soubessem do que ela tinha morrido, pois às vezes tinha sido envenenada. Foi, pois, a arte de envenenar que trouxe "inquérito" para o terreno policial e judiciário.

No segundo exemplo, o contexto é teológico. Bom tempo a Idade Média! Ao contrário de hoje, quando reina absoluta a economia, quem mandava era a teologia. O povo era levado a pensar se havia mais do que um Céu, mais do que um Inferno, se os anjos tinham sexo, se as mulheres tinham alma etc. Inventado para redimir os agiotas na outra vida, desde que nessa doassem parte dos juros auferidos à Igreja, o Purgatório, com seu fogo brando e passageiro, logo foi aceito por todos, pois a alternativa eram as chamas violentas e perpétuas do Inferno.

Arthur Rimbaud, contemporâneo de Júlio Dinis, tem um livro justamente com o título herético de *Uma Temporada no Inferno*, na competente tradução do jornalista e escritor gaúcho Janer Cristaldo, onde lá pelas tantas se lê: *"a quem alugar-me? Qual besta é preciso adorar? Que santa imagem ofender? Que corações devo quebrar? Que mentira devo sustentar? – Em que sangue caminhar? Antes de mais nada, cuidar-se da justiça"*. É leitura indispensável para corruptos e corruptores, quase um manual de instruções.

Purgadas mais nas delegacias de polícia, na imprensa e nos parlamentos do que no Judiciário, velhas corrupções migram rapidamente para juizados de pequenas causas e somem da imprensa. Em seu lugar vêm as novas, que logo tomam o mesmo destino.

Uma temporada no Purgatório é um bom negócio para todos os envolvidos. Isto é, o competente inquérito pune apenas quem não puder ou não quiser negociar a remissão dos pecados.